백마를 탄 사람

부클래식
026

백마를 탄 사람

테오도어 슈토름

조영수 옮김

부북스

차례

백마를 탄 사람 • 7

작품 소개 • 175

백마를 탄 사람

지금부터 들려주려는 이야기는 어언 반세기도 전, 페데르젠 시의원의 부인이기도 한 나의 증조할머니 댁에서 할머니의 안락의자 옆에 앉아 푸른색 양장의 정기 간행물을 읽다가 알게 된 사실이다.

그 간행물이 《라이프치히 선집》이었는지 《파페의 함부르크 선집》이었는지는 더 이상 기억나지 않는다. 이따금 증손자의 머리를 사랑스럽게 쓰다듬던 팔십이 넘은 할머니의 부드러운 손길은 아직도 뚜렷이 느낄 수 있다. 할머니도 그 시절도 모두 세월 속에 묻힌 지 오래고, 그 문집을 찾아보겠다는 그 후의 시도 역시 성과가 없다 보니, 나로서는 사실의 진위를 입증할 수도 없게 됐거니와 만일 누군가가 이 사실에 이의를 제기 한다면, 우길 수도 없는 형편이다. 다만 이것만은 확신에 차서 말할 수 있다. 비록 여태껏 이 이야기는 어떤 외부적인 상황에 의해 마음속에 되살아난 적은 없었지만, 그 시간 이후로 한 번도 잊은 적은 없다고.

금세기 30년대, 시월의 어느 날 오후 잡지의 화자가 그렇게 이야기를 시작했다. 폭풍우가 심하게 몰아칠 적에 나는 프리즐란트[1] 북부의 제방을 따라 말을 달리고 있었다. 왼쪽에는 가축들이 다 떠난 적막한 늪지가 한 시간이 넘게 이어졌고, 오른쪽으로는 가까이에 개발되지 않은 북해의 개펄이 펼쳐져 있었다. 제방에서 건너다 보면 간조 때 드러나는 해저 섬이나 일반 섬들을 볼 수 있어야 했지만, 나에게는 성난 듯 울부짖으며 쉴 새 없이 후려치다가 때때로 나하고 말에게 더러운 거품을 튀기곤 하는 누리끼리한 파도 외엔 아무것도 보이지 않았다. 저 뒤로 내려앉은 황야의 어스름이 천지를 분간하기 어렵게 만들고 있었다. 이제는 밀려드는 먹구름에 높이 떠 있던 반달 역시 대부분 가려졌기 때문이다. 지독히도 추웠다. 손이 곱아 말고삐를 쥐기도 힘들었다. 깍깍 끼룩끼룩 날카롭게 우는 까마귀와 갈매기들이 폭풍우에 휩쓸려 계속 내륙으로 날아드는 것도 이상할 게 없었다.

이제 날이 저물어서 말발굽조차 또렷하게 보이지 않았다. 사람의 그림자도 없다. 들리는 건 긴 날개를 펴고 나와 내 충직한 말 옆을 스치듯 날아가는 새들의 울음소리와 성난 파도 소리 그리고 바람 소리뿐이었다. 때때로 안전한 숙소에 있었으면 하는 마음이 든 적도 있었음을 부인하지 않겠다.

---

1. 네덜란드와 독일 북해 연안의 저지대

그런 날씨가 계속된 지 벌써 사흘째이다. 유난히 나를 좋아하는 한 친척 덕분에 북부지역에 있는 그의 농장에 지나치게 오래 눌러앉았기 때문에 오늘은 더 이상 견딜 수가 없었다. 시내에 볼일이 있었고 그곳은 남쪽으로 아마 두세 시간은 더 가야 하는 먼 곳이기도 해서, 사촌내외의 온갖 설득에도, 그리고 직접 재배한 달콤한 페리넷테 사과와 그랜드 리차드 사과를 맛 볼 수 있음에도 불구하고, 오후에 길을 나섰다. "바다까지만 갔다가 돌아와. 방은 그대로 둘게" 사촌이 현관문 앞에서 내 등 뒤에 대고 소리쳤다.

그리고는 실제로 잠깐 동안 검은 구름 층이 칠흑 같은 어둠으로 주위를 휩싸더니, 곧 돌풍이 씽씽 휘몰아치면서 말과 함께 나를 제방으로 부터 밀어내려는 순간, 어떤 생각이 섬광처럼 머리를 스치고 지나갔다. "바보같이 굴지 말고 친척집 아늑한 보금자리로 돌아가!" 그러나 되돌아갈 길이 가야 할 길보다 더 멀지도 모른다는 생각이 들었다. 그래서 나는 코트 깃을 귀까지 바짝 당겨 세우고 길을 계속해서 달렸다.

그러나 바로 그때 제방 위에서 뭔가가 나를 향해 다가오고 있었다. 아무 소리도 들리진 않았지만, 반달이 희미한 빛을 던지자 검은 형체가 점점 더 또렷해지는 것 같았다. 그러나 그것이 좀 더 가까워지자, 곧 그 형체가 눈에 들어왔다. 그것은 말을, 다리가 길고 깡마른 백마를 타고 있었다. 어깨 부근에 검은 외투가 펄럭이고 있었고 쏜살같이 스쳐 지나는 창백한 얼굴에 이글거리는 두 눈은 나를 응시하고 있었다.

무엇이었지? 뭘 원했을까? 그리고 이제야 말발굽 소리도 말의 헐떡거림도 듣지 못했다는 생각이 얼핏 들었다. 사람이 말을 타고 내 옆을 바짝 스쳐갔는데도.

나는 생각에 잠긴 채 계속해서 말을 달렸다. 그러나 그런 생각에 잠긴 지 얼마 되지도 않아 그 형태는 반대 방향에서 나타나 다시 스쳐 지나갔다. 나부끼는 외투가 나를 스치는 듯싶더니, 그 모습은 먼저처럼 소리도 없이 휙 지나갔다. 그리고는 내 앞에서 점점 더 멀어졌다. 그것의 그림자가 갑자기 제방의 육지 쪽으로 내려가는 것 같아 보였다.

상당히 내키지 않은 마음으로 뒤따라갔다. 그 장소에 이르자 제방 옆 간척지 밑에서 커다란 물웅덩이의 물이 반짝거렸다. 폭풍우에 의하여 땅이 갈라졌다가, 일반적으로 작지만 깊은 구덩이로 남은 것을 사람들은 물웅덩이라 불렀다.

물의 표면은 둘러싸고 있는 제방을 고려하더라도 매우 잔잔했다. 말을 탄 사람이 그것을 흩뜨려 놓을 수 없었다. 나는 그 사람의 어떤 것도 더 이상 보지 못했다. 그러나 내가 기뻐할 만한 다른 것을 보았다. 내 앞 아래쪽 간척지에 흩뜨려진 수많은 빛이 나를 향하여 반짝이고 있었다. 그 빛은 높다란 흙 언덕 위에 개별적으로 떨진 채 길게 늘어선 프리즐란트 사람들의 집에서 나왔다. 내 앞의 안쪽 제방의 중간 높이에도 같은 형태의 큰 집 하나가 서 있었다. 남쪽 정문의 바로 오른쪽에 이상하게도 모든 창문에 불빛이 있었다. 창문 뒤에 사람을 볼 수 있었으며 폭풍우에도 불구하고 사람들의 목소리를 들을 수 있다고 생각했다. 말은 그 집 문 앞으로 난 제방 길을 벌써 스스로 내려가고 있었다. 여관인 것을 알았다. 왜냐하면 '말을 매는 말뚝 시렁'과, 창문 앞에 두 개의 기둥을 받치고 있는 들보와 세워 둘 말과 소를 잡아 맬 큰 쇠로 만든 고리를 보았기 때문이었다. 내가 입구를 지나자 내게로 다가온 하인이 돌봐 주리라 믿으며 말을 고리 중 하나에 묶었다. 사람들의 목소리와 유리잔 부딪히는 소리가 바의 문 밖으로 또렷이 들려서 "모임이 있나요"라고 물었다.

'예, 그녀 그런 모임이에여' 하인은 저지독일어로 대답했다. 나는 후에 프리즐란트어 이외에도 여기서는 백 년이 넘게 'ㅈ'를 'ㄷ'로 발음하는 것을 알게 되었다. "데방 감독관과 에이던트들과 다른 관계 다들이 그것 때무네 와써요. 홍수 때무네요."

여관에 들어서자 나는 창가를 따라 대략 열두어 명의 사람들이 앉아있는 것을 보았다. 탁자에는 펀치 잔이 놓여있는데 풍채가 매우 좋은 신사의 것으로 보였다.

사람들에게 인사를 하고 의자에 앉아도 되느냐고 묻고 쉽사리 승낙을 받았다. "제가 보기에는 여기서 계속 밖을 주시하고 계신 것 같습니다. 바깥 날씨가 아주 심술궂습니다. 제방이 위험해 보입니다." 라고 말하면서 풍채 좋은 신사 쪽으로 몸을 돌렸다.

"사실이에요. 그러나 우리가 있는 동쪽은 이제 위험에서 벗어난 것으로 생각됩니다. 다른 쪽이 안전하지 못해요. 그곳의 제방은 대부분 아직도 옛 방식이에요. 우리의 주 제방은 지난 세기 동안 개선

되었답니다. 지금 바로 나가기에는 너무 날씨가 춥군요." 그는 계속해서 말했다. "그리고 당신에게도 마찬가지겠지만 지금부터 두세 시간은 여기서 기다려야 될 겁니다. 우리에게 소식을 전해줄 믿을 만한 사람이 그곳에 나가 있어요." 그리고 내가 주인에게 주문을 하기도 전에 김이 올라오는 컵이 내 쪽으로 왔다.

곧 나는 곁에 앉은 친절한 사람이 제방의 감독관이라는 것을 알게 되었다. 서로 대화를 주고받으며 내가 제방 위에서 스쳐 지나갔던 이상한 만남에 관하여 말하기 시작하였다. 그는 귀를 기울여 들었고 나는 갑자기 우리 주위의 모든 대화가 잠잠해 진 것을 느꼈다. '백마를 탄 사람' 그중의 한 사람이 소리쳤으며 공포의 전율이 모인 사람들 사이에 흘렀다.

제방감독관은 일어섰다. "걱정하실 필요가 없어요." 탁자 건너편에서 말했다. "오로지 우리들만의 일은 아니거든요. 17년만 해도 그것은 다른 쪽에 사는 사람들만의 일이었어요. 어떤 일이든 대비를 잘 했어야 했어요."

이제는 전율이 내 몸을 타고 흘렀다. "잠시만요, 백마를 탄 사람에 관한 것은 어떤 일인가요?" 내가 물었다.

스토브 뒤 약간 떨어진 곳에서 무엇인가 윗 쪽으로 몸을 숙인 작고 마른 남자가 헤진 검정 외투를 입고 앉아 있었다. 한 쪽 어깨는 보기 흉할 정도로 상당히 일그러져 있었다. 그는 다른 사람들의 대화에 한마디도 끼지 않았지만 숱이 성긴 백발에도 불구하고 짙은 속눈썹으로 둘러싸인 눈은 그가 자지 않으려고 여기에 앉아 있다는 것을 뚜렷이 보여주고 있었다.

제방감독관은 그 남자를 향하여 손을 뻗쳤다. 그는 목소리를 높여 말했다. "교장선생님이 그 이야기를 가장 잘 해주실 수 있을 겁니다. 물론 선생님의 방식대로요. 우리 집의 늙은 가정부 안티에 볼메르스가 하는 것처럼 곧이 곧 대로는 아니겠지만 말입니다."

"농담하는군요, 제방감독관" 교장선생의 쇠약한 목소리가 스토브 뒤에서 들려왔다. "당신의 그 멍청해 빠진 잔 소리쟁이 여자와 나를 비교하다니 말이요!"

"네, 그렇습니다. 선생님, 그러나 사람들이 말하길 그런 이야기는 잔소리 심한 여자들이 제일 잘 간직한다지요." 제방감독관이 대답했다.

"물론이지요! 이 점에 있어서는 우리의 의견이 일치하지 않는군요." 작은 남자가 말했다. 그리고 그가 말할 적에 우월한 미소가 그의 섬세한 얼굴 위로 스쳐 지나갔다.

"당신이 보다시피 저분은 아직도 약간 거만해요. 젊었을 적 한때는 신학을 공부했지만 그가 태어난 여기 이곳에 선생으로 꼼짝 않고 박혀있는 이유는 그저 약혼에 실패해서지요." 제방감독관이 내 귀에 대고 속삭였다.

교장선생은 그러는 동안 스토브 뒤에서 나와, 긴 탁자의 내 옆자리에 앉았다. "말씀해 주세요, 말씀해 주세요, 선생님!" 모인 사람들 중 젊은 사람 두서너 명이 소리를 질렀다.

"실은 기꺼이 말하리다." 그 노인은 내게 몸을 돌리면서 말했다.

13

"그러나 이 이야기에는 상당히 미신적 관습이 들어 있어요. 그리고 미신을 빼고 이 이야기를 말하는 것은 상당히 어렵지요."

"미신을 빼지 말기를 당신에게 요청해야겠네요." 내가 답했다. "당신은 내가 알곡에서 쭉정이를 가려낼 줄 안다는 사실을 믿으셔야 해요."

그 노인은 사려 깊은 미소를 띠면서 나를 쳐다보았다. "그러면, 좋아요." 그는 말했다. "지난 세기의 중반 무렵 혹은 더 정확히 말하면 중반의 전후 이곳에 제방과 배수로 문제에 관해서라면 일반적인 농부나 지주보다는 월등히 많이 이해하는 제방감독관이 살았습니다. 그것만으로는 충분하지 못했지요. 왜냐하면 그는 박식한 전문가들이 이 주제에 관하여 쓴 것을 대부분 읽지 못했기 때문이었어요. 명백히 어린 시절부터 죽 그랬지만 그는 자신의 견해를 전적으로 홀로 생각해내었습니다. 당신도 듣게 되시겠지만, 프리즐란트 사람들은 확실히 천성적으로 계산에 밝은 사람들입니다. 그리고 당신도 틀림없이 우리 파레토프트 지방의 한스 몸젠[2]에 관한 얘기를 들었을 겁니다. 그는 농부이면서 자기 나침반을 만들고 바다의 시계, 망원경, 파이프 오르간을 훌륭히 만들었습니다. 저, 나중에 제방감독관이 된 사람의 아버지도 한스 몸젠이 가진 어떤 소질을 지니고 있었습니다. 단지 아주 미미한 정도였지만 말입니다. 그에게는 유채와 콩을 기르곤 하던 땅이 약간 있었으며 소도 한 마리 있었습니다. 가을과 봄에는 때때로

---

2. 독학자인 Hans Momsem(1735-1811)은 하우케 하이엔이라는 주인공의 바탕이 된 인물 중 한 사람이다.

측량을 했으며 겨울에는 밖에 북서풍이 불고 덧문이 덜컥덜컥 거릴 때 그의 방의 제도판에서 일하면서 앉아 있었습니다. 소년은 대개 거기 같이 앉아 있었고 자신의 ABC 책이나 성경 너머로 자로 재고 계산하고 손으로 금발머리를 쓸어내리는 아버지를 쳐다보았어요. 어느 날 저녁에 소년은 아버지에게 왜 그가 바로 전에 기입한 것은 꼭 그래야만 하고 다르게는 할 수 없는지를 물었지요. 그리고 이 문제에 관하여 자신의 견해를 말하기 시작했어요. 그러나 아버지는 답을 몰랐기 때문에 머리를 가로 저으면서 대답했답니다. "그것은 내가 네게 말해줄 수가 없다. 그것은 그런 것이란다, 그것으로 충분해. 그리고 너는 상당히 잘못 생각하고 있어. 더 알고 싶으면 내일 다락방에 올라가서 유클리드라는 사람이 쓴 책을 궤짝에서 찾아봐. 그 책이 네게 답을 가르쳐 줄 거야."

다음날 아침 소년은 다락에 올라가서 곧 책을 찾았습니다. 집에는 별로 책이 없었기 때문입니다. 그러나 소년이 책을 아버지 앞에 있는 책상에 놓았을 때 아버지는 웃었습니다. 그것은 네덜란드어로 쓴 유클리드였거든요. 두 사람 중 누구도 네덜란드어를 몰랐습니다. 네덜란드어는 반쯤은 독일어인데도 말입니다. "그래, 그래, 그 책은 할아버지 거야. 할아버지는 네덜란드어를 아셨지. 거기 독일어 판은 없었어?"

말이 거의 없는 소년은 조용히 아버지를 보고 말했다. "제가 가져도 될까요? 독일어로 된 것은 없어요."

아버지가 고개를 끄덕이자 소년은 찢어지고 낡은 조그만 책을 꺼내어서 "이 책도요?" 하고 물었다.

"둘 다 가져!" 테테 하이엔이 말했다. "그렇게 도움이 많이 되지는 않을 거야."

그러나 두 번째 책은 네덜란드어 문법책이었다. 겨울은 아직 지나가지 않았다. 그리고 드디어 구즈베리 나무가 정원에 다시 한 번 더활짝 피었고 그 책은 그 당시에 유행하고 있던 유클리드를 소년이 거의 이해할 수 있을 정도로 소년에게 도움이 되었다.

"나는 이 상황이 한스 몸젠에 대해서도 얘기해 줄 것임을 모르지는 않아요," 하던 이야기를 갑자기 중단하면서 교장선생님이 말했다. "그러나 하우케 하이엔―소년의 이름이지요―의 이야기는 몸젠이 태어나기 훨씬 전에 이 지역에서 전하여졌지요. 당신이 아주 잘 아시겠지만 위대한 사람은 한 번에 단 한 명만 필요한 법이지요 그리고 그의 전임자들이 진지하게 혹은 장난으로 했다고 말하여지는 모든 일이 위대한 사람의 공적으로 돌아가지요.

아버지는 아들이 소에도 양에도 관심이 없는 것을 알았으며, 소택지의 성실한 사람들이면 누구나 마음이 기뻐지는 콩 줄기에 꽃이 핀 것을 거의 알아차리지 못했을 때, 그는 조그만 농장이 농부나 농부의 아들에 의하여 관리되면 확실히 번성할 수 있지만, 어설프게 교육받은 사람이거나 농장 일꾼에 의하여서는 아니라는 생각을 했다. 더군다나 그 자신은 삶에서 성공을 이루지 못했다고 생각했다. 그랬기 때문에 그는 다 커서 청년이 된 소년을 다른 노동자들과 함께 부활절에서 성 마르틴의 축일(11월 11일)까지 수레로 흙을 날라야 되는 제방으로 보냈다. "그래야 녀석이 유클리드 열병에서 치료가 될 거야." 아버지는 혼자서 중얼거렸다.

그 청년은 흙을 수레로 날랐다. 그러나 유클리드 책을 항상 주머니에 지니고 다녔다. 노동자들이 아침이나 점심을 먹고 있을 때마다 그는 손에 책을 들고 뒤집어 놓은 외바퀴 손수레 위에 앉아 있곤 했다. 그리고 가을에 밀물이 점점 높아져서 몇 번이고 일이 중지되어야 했을 적에도 그는 다른 사람들과 함께 집으로 가지 않고 제방의 바다 쪽 경사진 면에 앉아 있곤 했다. 두 손을 무릎 위에 꽉 쥐고 몇 시간이고 계속하여 북해의 회색파도가 제방의 풀이 무성한 둑을 향하여 점점 더 높이 부딪히는 것을 바라보고 있었다. 신발이 흠뻑 젖고 포말이 얼굴에 날라 왔을 적에는 두세 발짝 위로 물러나서 다시 자리를 잡았다. 그는 물이 튀어 오르는 소리도 갈매기의 울부짖음도 다른 바다 물새들이 자신의 눈 속에 번쩍이면서 그의 주위나 머리 위를 날라서, 날개로 그를 거의 스치고 지나는 소리도 듣지 못했다. 그는 밤이 황량하고 축축한 황무지 위로 펼쳐지는 것도 보지 못했다. 그가 보는 것이라곤 그의 눈앞에서 풀로 무성한 가파른 제방의 벽을 씻어 내리면서, 밀물 때면 같은 장소를 되풀이해서 거칠게 때리고 밀어 닥치는 바닷물의 가장자리뿐이었다.

그 광경을 오랫동안 응시한 후에 그는 천천히 머리를 끄덕이거나 시선을 쳐들지 않고 손으로 허공에 부드러운 선을 그렸다. 마치 더 부드러운 경사를 제방에 주려고 생각하는 것처럼. 모든 사물이 그의 시야에서 사라질 정도로 어두워졌을 때와 밀물 소리만이 그의 귀에 우레같이 울릴 적에 그는 흠뻑 젖은 채 일어나서 집으로 빨리 걸어갔다.

이런 모습으로 집으로 간 어느 저녁, 그는 아버지가 측량 기구를 씻고 있는 방으로 들어갔고, 아버지가 그를 꾸짖었다. "너는 그곳에서 무슨 일을 하고 있었던 거냐? 너는 익사할 뻔했어. 바닷물이 오늘 제방을 덮치고 있었다고."

하우케는 그를 도전적으로 쳐다보았다.

"너 지금 내 말 듣고 있어? 네가 익사할 뻔 했다고 말했어."

"네, 그렇지만 익사 안 했잖아요." 하우케가 대답했다

"아니" 노인은 한참 후에야 반박하며 생각이 어딘가 다른 곳에 있는 듯한 아들의 얼굴을 쳐다보았다. "이번에는 아니지만"

"그런데 우리 제방은 아무 소용이 없어요." 하우케가 계속했다.

"너 지금 뭐라고 했니, 이 녀석?"

"우리 제방은 소용이 없다고요, 아버지!" 하우케가 대답했다.

노인은 그를 대놓고 비웃었다. "그렇다면 어떻게 해, 녀석아? 아마도 너는 뤼벡에서 온 신동[3]인가 보다!"

그러나 소년은 단념하지 않았다. "바다 쪽 면이 너무 가팔라요. 만일 파도가 한 번 더 오늘처럼 들어 닥치면 우리는 여기 제방 뒤에서조차 익사할 수 있다니까요."

노인은 주머니에서 씹는담배를 끄집어내어 한 번 씹을 분량을 비틀어 꺾어 입으로 밀어 넣었다. "그리고 오늘 손수레 몇 대 분량을 실

---

3. Christian Heinrich Heineken(1721-5)를 뜻하며 북부 독일의 유명한 신동이었다.

어 날랐느냐?" 그는 초조한 어조로 물었다. 그는 제방에서 하는 일까지도 정신적인 일을 선호하는 그 녀석의 성향을 망가뜨릴 수 없었음을 분명히 알 수 있었다.

"모르겠어요. 아버지 대략 다른 사람들과 같은 수만큼이요. 아마 여섯 대 분량보다는 더 많았을 걸요. 허지만 제방은 다르게 지어야 해요." 그가 대답했다.

"이거 참, 아마도 네가 제방감독관이 될 수 있겠지. 그러면 제방을 달리 짓든지!" 노인은 말하고 웃었다.

"네, 아버지," 젊은이가 말했다.

노인은 그를 쳐다보고 한두 번 침을 삼켰다. 그리고 녀석에게 어떻게 대답해야 할지를 알지 못한 채 방을 떠났다.

*

제방 일이 10월 마지막에 끝났지만, 바다 북쪽에 이르는 산책길은 여전히 하이케 하이엔에게 제일 큰 즐거움을 주었다. 그는 아이들이 크리스마스를 고대하듯이, 만성절을 즐겁게 기다리고 있었다. 가을의 폭풍우가 일반적으로 사납게 몰아칠 무렵인데 기다렸다. 만조가 앞 바다에 나타날 때마다 폭우와 나쁜 날씨에도 불구하고 제방 위에 홀로 누워 있는 그를 사람들은 확실히 볼 수 있었다. 갈매기들이 날카롭게 소리를 낼 때 파도가 제방에 무지막지하게 부딪칠 때 그리고 파도가 빠져 나가면서 커다란 풀 뭉치를 바닷속으로 휩쓸어 버릴 적에 하우케의 성난 웃음소리를 아마 들을 수도 있었을 터였다. "너는 어떤 일도 제대로 할 수 없어. 어떤 일도 똑바로 할 수 없는 여느 사람들과 똑 같아"라고 떠들썩한 바닷소리에 대고 그는 고함을 지르곤 했다. 마지막에는 어둠 속에서 끝없는 황무지를 뒤로하며 제방을 따라 갈대로 지붕을 엮은 아버지 집의 낮은 문에 이르러 문을 지나 조그만 방으로 들어 갈 때까지 그는 빨리 걸으면서 갔다.

때때로 그는 진흙을 한 주먹 가져왔다. 그때면 이제 자기가 하고 싶어 하는 것을 하도록 버려두는 노인의 곁에 앉아서 가느다란 쇠기름양초 아래서 온갖 모양의 제방 모형을 만들곤 했다. 물이 담긴 납작한 주발에 그것을 놓아두고 파도의 씻김을 재현해 보려고 했다. 혹은 석판을 집어 들고 바다가 면한 쪽의 제방 측면도를 그가 마땅하다고 생각하는 제방의 모습대로 그리곤 했었다.

학교를 같이 다녔던 사람들과 교재를 지속하려는 생각은 전혀 하지 않았다. 그들 편에서도 몽상가에겐 관심이 없는 것 같았다. 겨울이 다시 한 번 더 오고 서리가 내리자 그는 전에 한 번도 간 적이 없었던 곳까지 제방을 거닐었다. 눈이 볼 수 있는 곳보다 더 멀리 그의 앞에 펼쳐진 진흙 습지가 얼음으로 뒤덮인 지점까지 갔다.

서리 내리는 날씨가 계속되는 이월에 파도에 떠밀려온 시체 몇 구가 발견되었으며, 공해(公海) 근처의 얼어붙은 진흙 습지에 드러누워 있었다. 시신들을 마을로 옮겨 왔을 때 그 자리에 있었던 젊은 여자가 늙은 하이엔 앞에서 말을 했다. "그들이 인간처럼 보일 것이라고 상상도 마세요. 꼭 바다의 괴물 같았어요! 머리통은 어찌나 크던지" 그러면서 그녀는 크게 팔을 벌렸다. "역청처럼 시커멓게 반들거렸어요. 갓 구운 빵처럼. 게가 그것들은 갉아 먹고 있었는데요, 아이들은 그것들을 보자 비명을 질렀어요."

이것은 나이 많은 하이엔에게는 전혀 새로운 일이 아니었다. "11월부터 바다에 떠다니던 것들일 거요." 조용히 그가 말했다.

하우케는 그 옆에 아무 말도 없이 서 있었다. 그러나 기회가 되자 곧장 제방으로 슬쩍 빠져 나왔다. 또 다른 익사체를 찾아보려 했는지 아니면 그들이 방금 떠난 자리에 아직 머물러 있을 공허감에 이끌렸는지는 누구도 말할 수 없지만 계속 걸어서 홀로 황무지에 섰다. 바람만이 제방 위에서 불고 있는 곳, 거대한 새들이 재빠르게 질주하듯 지나가면서 내는 애조 띤 울음을 제외하고 아무것도 들을 수 없었다. 그의 왼편에는 헐벗고 넓은 늪지가 있었다. 다른 쪽에는 이제 얼음 때문에 솜으로 덮은 듯이 희미하게 가물거리는 개펄이 있었다. 마치 전 세계가 하얀 죽음의 장막 아래 서 있는 것 같았다.

하우케는 날카로운 눈으로 사방을 세밀히 살피면서 제방에 서 있었다. 그러나 더 이상 시체는 보이지 않았다. 개펄 속에 있는 보이지 않는 모래톱의 조류가 밀고 나아가는 곳에는 얼음 층이 물결 모양으로 높아졌다 낮아졌다 하고 있었다.

그는 집으로 달려갔다. 그 후 어느 날 저녁에 그곳에 한 번 더 나갔다. 그 장소를 덮고 있던 얼음은 이제 갈라져 틈새로 연기의 구름이 올라오는 것 같았다. 개펄 전체에 안개와 증기가 격자무늬를 만들어 저녁의 박명과 함께 섬뜩하게 뒤섞여서 덮여 있었다. 하우케는 눈을 동그랗게 뜨고 쳐다보았다. 안개 속에는 검은 형체가 뒤로 앞으로 걸어 다니고 있었다. 거의 사람크기로 보였다. 이상하지만 무서운 태도로 위엄 있게 긴 목과 긴 코의 그것들이 멀리 안개가 피어오르는 갈라진 틈 가까이에서 오르락내리락 거니는 모습을 볼 수 있었다. 갑자기 그것들은 미친 사람처럼 무시무시한 기분 나쁜 몸짓으로 위로 아래로 껑충껑충 뛰기 시작했다. 키가 큰 형체가 작은 형체를 뛰어 넘고 작은 형체는 큰 것에 부딪혔다. 그 후에 그것들은 서로 분리되고 각각 비슷한 모습을 잃어 버렸다.

'저것들이 뭘 하고 있지? 저것들은 익사한 사람들의 혼인가?' 하우케는 생각했다. "여보세요?" 하우케가 큰 소리로 어둠 속을 향하여 소리쳤다. 그러나 멀어진 형체들은 그의 외침에 유의하지 않고 이상하게 뛰어 돌아다니는 행동을 계속했다. 언젠가 늙은 선장이 그에게 한 번 말해주었던 얼굴 대신에 목덜미가 거친 해초로 덮인 덤불을 지닌 무서운 노르웨이 바다 유령이 떠올랐다. 아직 그는 도망치지 않았지만 그의 장화 굽이 제방의 진흙에 깊이 빠졌으며, 더 짙어진 어스름 속에서 여전히 벌이고 있는 우스꽝스런 형태를 응시했다. "우리들을 또 못살게 굴려고 여기 왔지? 나를 놀라게 해서 쫓아 버릴 수는 없을 걸!" 그는 거친 목소리로 소리쳤다.

어둠이 완전히 내린 후에야 그는 천천히 단호한 걸음으로 집으로 향했다. 그의 뒤에는 아직도 날개를 부딪치는 소리와 메아리치는 괴성이 들리고 있다고 생각했다. 그는 뒤돌아보지 않았다. 그러나 발걸음을 빨리 하지도 않고, 늦은 시간까지도 집에 도착하지도 않았다. 그러나 그가 경험한 것에 대하여 아버지는 물론 다른 누구에게도 말하지 않았다. 그 일이 있은 지 여러 해가 지나서 그 해와 같은 날 같은 시간에 그가 훗날 신이 짐으로 내려준 정신박약아인 딸을 데리고 제방에 갔을 때, 그때와 동일한 장면이 개펄에 일어났다고 알려지고 있다. 그러나 그는 딸에게 무서워할 필요가 없다고 말해주었다. 안개 속이라서 크게 그리고 무섭게 보이는 회색 왜가리와 까마귀일 뿐이라고. 얼음 속의 벌어진 틈으로 새들이 물고기를 잡아먹고 있는 중이라고.

"신은 다 알고 계시죠, 신사 양반" 교장선생이 갑자기 말을 그쳤다. "땅 위에는 정직한 기독교인을 어리둥절하게 만드는 많은 일이 있지요. 그러나 하우케는 바보도 아니고 천치도 아니었어요."

내가 아무 답을 하지 않자 그는 계속하려고 했다. 그러나 지금까지 침묵 속에서 그저 낮은 방안에 담배 연기만 자욱이 채우면서, 경청하고 있던 다른 손님들 가운데 갑작스러운 동요가 일어났다. 처음에는 단독으로 다음에는 거의 모든 사람이 창문으로 몸을 돌렸다. 바깥에는 커튼을 내리지 않은 창문을 통하여 또렷이 볼 수 있었다. 구름이 폭우에 밀려가면서 번개와 어둠이 광폭하게 서로를 뒤쫓고 있었다. 그러나 내게는 백마를 탄 수척한 사람이 질주하는 것을 본 것처럼 느껴졌다.

"교장선생님, 잠깐 만요." 제방감독관이 조용히 말하였다.

"두려워할 필요가 없어요, 제방감독관! 나는 그의 험담을 하지 않았고 그렇게 할 이유도 없어요." 이야기를 해주던 자그마한 사람이 대답했다. 그리고 작은 빈틈없는 눈으로 감독관을 쳐다보았다.

"그래요, 그래요, 잔을 다시 채워요." 제방감독관이 말했다. 그리고 잔이 채워지자 오히려 복잡한 표정을 보이며 듣고 있던 사람들이 다시 한 번 더 그에게로 몸을 돌렸고 교장선생은 이야기를 계속했다.

하우케는 키가 크고 야윈 젊은이로 오직 바람과 파도와 고독한 모습을 벗 삼아 쓸쓸하게 자랐다. 사물이 갑자기 그에 대하여 다른 각도로 다른 태도를 보였을 때는 견진 성사로부터 일 년이 더 지났을 때였다. 이 일의 원인은 하얗고 늙은 앙고라 수고양이 때문이었다. 뒷날 스페인으로 향한 항해에서 목숨을 잃은 늙은 트린 얀스의 아들이 그녀를 위하여 갖고 들어온 고양이었다. 트린은 제방 위 상당히 떨어진 곳의 작은 오두막에서 살았다. 노파가 바쁠 적마다 그녀의 집에서 이 괴물 같은 수고양이는 여름햇빛과 머리 위를 휙 날아가는 댕기물떼새를 눈을 깜박거리고 보면서 문 앞에 앉아 있곤 했다. 하우케가 지나갈 때마다 고양이는 그를 보고 야옹댔고 하우케는 고양이에게 끄덕여 주었으며 둘 다 상대에게 어떻게 해야 하는지를 알았다.

봄이 왔다. 하우케는 버릇대로 제방 위에 자주 누워 있었다. 경사면 아래 그리고 바다 물 더 가까이에 갯질경이와 향기로운 다북쑥이 자란 가운데 그는 벌써 강해진 햇빛 아래 누워 있었다. 그 전날 고지에서 주머니를 조약돌로 가득 채웠으며 썰물에 습지가 들어 나고 작은 회색 장다리 물떼새가 그의 머리 위를 소리를 지르며 스쳐지나 가자 그는 갑자기 돌 한 개를 움켜쥐고 새들에게 던졌다. 그는 아이 적부터 이것을 연습했으며 보통 한 마리쯤 펄밭에 떨어져 있기도 했다. 그러나 종종 가져 올 수 없는 곳에도 떨어졌다. 하우케는 수고양이를 데리고 와서 사냥개처럼 포획물을 찾아오도록 훈련시킬 생각을 했다. 그러나 여기저기 땅이 굳어 있는 곳이나 모래톱도 있었고 그런 곳에서는 그가 직접 포획물을 가져왔다. 만일 집으로 돌아가는 길에 수고양이가 아직 문 앞에 앉아 있으면, 하우케가 나중에 잡은 새 중 한 마리를 던져 줄 때까지 고양이는 탐욕을 드러내며 울부짖었다.

윗옷을 어깨에 걸치고 집으로 가던 그날 그는 어떤 종류인지는 모르지만 빛나는 은색과 금색 깃털의 새 한 마리만 가지고 가고 있었으며 그 고양이는 그가 오고 있는 것을 보자 야옹하며 울었다. 그러나 이 경우에 하우케는 포획물을—물총새일 수 있는데—포기하고 싶지 않았으며 고양이의 탐욕에도 동요 하지 않았다. "각자 차례가 있어!" 오늘은 내 차례, 내일은 네 차례. 그리고 이것은 고양이 먹이가 아니야!" 그가 소리 쳤지만 수고양이는 조심스럽게 그를 향하여 살금살금 다가왔다. 하우케는 새를 손에서 늘어뜨리고 서서 고양이를 쳐다보았다. 수고양이는 앞발을 들고 섰다. 그러나 하우케가 고양이의 속성을 잘 알지 못했던 것 같다. 왜냐하면 그가 고양이에게서 등을 돌리고 계속 걸으려는 순간 손이 홱 당겨지면서 그의 전리품이 잡아 뜯기는 동시에 날카로운 발톱이 그의 살 속으로 파고드는 것을 느꼈다. 맹수의 분노와 같은 화가 폭발했다. 미칠 듯한 분노에 사로잡혀 고양이의 목을 즉시 움켜쥐었다. 그 야수를 움켜진 채 공중으로 들어 올려서 그의 팔을 잡아 찢는 힘센 뒤 발톱도 개의치 않고 거친 털에서 눈이 튀어나올 때까지 목을 졸랐다. "그래 우리 둘 중 누가 마지막까지 버티는지 보자고!" 고양이를 더욱 꽉 잡으면서 고함쳤다.

갑자기 큰 고양이는 맥이 빠져 뒷다리가 아래로 떨어 졌고 하우케는 몇 발작 뒷걸음을 치고 노파의 오두막 벽에 고양이를 던졌다. 고양이는 움직이지 않았고 하우케는 뒤돌아서 집으로 가기 시작했다.

그러나 앙고라 수고양이는 그의 주인에게 비할 데 없는 소중한 것이었고 반려자였으며, 해변에서 폭풍우가 칠 때 어머니를 도와서 새우를 잡다가 갑자기 죽은 뱃사람인 그녀의 아들이 남긴 유일한 것이었다. 하우케가 백 걸음도 떼기 전에 상처에서 흐르는 피를 손수건으로 닦으며 가고 있을 때 벌써 오두막 뒤쪽으로부터 신음소리와 울부짖는 소리가 그를 몰아 세웠다. 그가 돌아서자 오두막 앞의 땅바닥에 그 노파가 드러누워 있는 것이 보였다. 빨간 스카프 주위로 빠져나온 하얀 머리카락이 바람에 나부꼈다. "죽었네! 죽었어, 죽어" 그녀는 새된 소리를 내었고 그를 향하여 앙상한 팔을 험악하게 들어 올렸다. "저주를 받아라! 네가 죽였어. 바닷가나 싸돌아다니는 아무 짝에 쓸모없는 놈, 너는 고양이의 꼬리를 솔질할 자격도 없어" 그녀는 그 동물 위로 몸을 던져서 앞치마로 부드럽게 고양이의 코와 입에서 흘러나오는 피를 닦아 주었다. 그런 다음 다시 한 번 더 울부짖기 시작했다.

"곧 그칠 거죠? 그러면 말해드리지요. 쥐의 피에 만족해하는 고양이를 가져다 드릴 게요" 하우케가 소리쳤다.

이 말을 한 후에 그는 이 문제에 관하여 더 이상 상관하지 않은 듯 집으로 갔다. 그러나 그 죽은 고양이는 그의 생각을 괴롭혔음에 틀림없었다. 왜냐하면 그가 집에 도착했을 때는 아버지의 집과 다른 사람들의 집을 지나서 제방 남쪽으로 한참을 걸어간 후였다. 그러는 동안 트린 안도 낡고 파란 격자무늬가 있는 베갯잇에 감싼 꾸러미를 마치 아기가 들어 있듯이 조심스럽게 두 팔로 꼭 껴안고서 역시 같은 방향으로 걸어갔다. 그녀의 백발은 포근한 봄날의 미풍에 따라 흩날리고 있었다. "티나, 뭘 운반하고 있어요?" 마주 오던 농부가 물었다. "댁의 집이나 농장보다 더 소중한 것"이라고 노파가 대답했고 바쁘게 길을 갔다. 낮은 곳에 자리한 하이엔 노인의 집이 가까워지자 제방 쪽으로 비스듬히 내려간 길을 따라 갔다. 마을로 가는 그 길을 우리는 가축 길 또는 인도라고 불렀다.

나이든 태테 하이엔은 문 앞에 서서 날씨를 관찰하고 있었다. "이봐요, 트린! 자루에 든 것이 뭐요?" 지팡이를 땅에 박으면서 그의 앞에 헐떡이며 서 있는 그녀에게 물었다.

"우선 안으로 들어갑시다, 테테 하이엔! 그 다음에 보게 될 거요!" 그리고 눈에 이상한 번득임을 띠우면서 그녀가 그를 쳐다보았다.

"그러면 들어 와요!" 노인이 말했다. 멍청한 할망구의 눈빛이 뭐 때문에 그의 마음에 걸릴까.

두 사람 다 실내에 들어오자 그녀는 말을 시작했다. "저 낡은 담배상자와 필기도구를 탁자에서 치워요. 대체 맨날 뭘 그리 적고 있는 거요? 이젠 탁자를 깨끗이 닦아요!"

몹시 당혹해진 노인은 그녀가 하라는 대로 다 했다. 그리고 그녀는 파란 베갯잇의 양끝을 잡고서 탁자에 죽은 큰 수고양이를 펼쳐 놓았다. "여길 봐요, 당신의 아들 하우케가 죽였어요." 이러면서 그녀는 심하게 울기 시작했고 죽은 동물의 촘촘한 털을 쓰다듬었다. 그리고는 고양이의 앞다리를 가지런히 모으고 긴 코를 고양이 머리에 갖다 대며 귀에 대고 알아들을 수도 없는 말로 다정하게 속삭였다.

테데 하이엔은 그녀를 주시했다. "그래요, 하우케가 죽였다고요?" 그는 울고 있는 아낙에게 어찌해줘야 할지 몰랐다.

그 여자는 분노에 차서 고개를 끄덕였다. "그래. 그래요. 신이 내 심판관이듯이 그가 그랬어요." 통풍으로 불구가 된 손으로 눈물을 닦았다. "내게는 자식도 없고 더 이상 살아 있는 생명도 없어요." 그 여자가 울었다. "그리고 당신도 아시고 있겠지만 만성절이 지나고 나면 우리 늙은이의 발은 밤엔 침대에서도 차갑지요. 그리고 잠 못 들어 하며 덧문을 덜컥거리는 북서풍의 소리를 듣지요. 나는 그 소리가 끔찍해요. 테데 하이엔, 그건 내 아들 녀석이 끌려 내려간 바로 펄밭에서 나오는 소리거든요."

테데 하이엔은 고개를 끄덕였고 노파는 죽은 고양이의 털을 어루만졌다. "그러나 겨울에 물레 앞에 앉아있을 때는 고양이가 내 곁에 앉아 있곤 했다우. 목을 가르랑거리면서 초록 눈으로 나를 쳐다보면서 말이유. 그리고 내가 추워서 침대 속으로 파고들면 언제든 침대에 뛰어올라와 내 언 발에 눕곤 했지요. 그러면 나는 아직 내 어린 새끼가 침대 속에 나와 함께 있는 듯 따뜻하게 잠을 잤어요." 그녀는 맞는 말임을 시인하라는 듯 옆에 서 있는 노인을 번득이는 눈으로 쳐다보았다.

그러나 그 노인은 조심스런 목소리로 대답했다. "알겠어요, 트리안!" 그리고 귀중품 상자로 가서 서랍을 열고 은전을 꺼내었다. "당신이 말하길 하우케가 고양이를 죽였다고 했소. 그리고 당신이 거짓말쟁이가 아닌 것은 내가 알지요. 여기 크리스티언 4세가 찍힌 은화 1탈러[4]가 있어요. 당신의 차가운 발을 위하여 무두질한 양털을 사세요. 그리고 우리 고양이가 다음번에 새끼를 낳으면 제일 큰 것 한 마리를 골라서 가지세요. 그렇게 합치면 불쌍한 앙고라 수고양이를 벌충하게 될 것이요. 이제 저 동물을 치우시고 읍내에 도살장으로 가져가시오. 나는 상관하지 않지만, 내 책상에 저것이 누워있었다는 얘기는 하지 않기를 바라오."

그가 말하는 동안 노파는 이미 돈을 집어 옷 속에 지니고 있던 조그만 쌈지에 집어넣었다. 그리고 수고양이를 베갯잇에 도로 쑤셔넣고 그녀의 앞치마로 탁자 위의 핏자국을 닦은 다음 문밖으로 천천히 걸어 나갔다. "수고양이 새끼를 주겠다고 한 말 잊지 말아요" 어깨너머로 소리쳤다.

한참 후에 늙은 하이엔은 비좁고 작은 방안을 왔다 갔다 하며 걷고 있을 때 하우케가 들어와서 탁자에 화려한 빛깔의 새 한 마리를 던졌다. 그러나 하얗게 닦은 탁자 상단에 여전히 눈에 띄는 핏 자국

---

4. 18세기 중엽 까지 사용된 독일 은화

을 보면서 무의식적으로 물었다 "저게 뭐에요?"

아버지가 멈추어 섰다. "네가 흘리게 만든 피다."

젊은이의 얼굴이 빨개졌다. "트린 얀스가 수고양이를 가지고 여기 왔었군요. 그러고는요?"

노인은 고개를 끄덕였다. "왜 고양이를 죽였지?"

하우케는 그의 피투성이가 된 팔을 드러내었다. "바로 이것 때문이에요. 고양이가 내게서 새를 잡아 채 갔어요."

노인은 여기에 대해 아무런 말을 하지 않았지만 한동안 왔다 갔다 하다가 이윽고 아들 앞에 서서 마치 생각이 딴 데 가 있는 사람처럼 그를 한참이나 내려다보았다. 그리고 그는 말했다. "고양이 문제는 내가 해결했다. 그러나 하우케 여기를 봐. 이 공간은 너무 작아. 두 남자가 살기에는 공간이 너무 협소해. 이제 네가 직장을 구해야 할 때가 왔구나."

"네, 아버지 저도 같은 생각을 했어요."

"왜?" 노인은 물었다.

"네, 사람은 존중받는 상황에서 일을 할 수 없으면, 속에서 분노하게 되어 있거든요."

"그래서? 그것이 네가 앙고라 고양이를 죽인 이유냐? 상황은 이보다 더 나빠질 수도 있었다!" 노인이 말했다.

"아마 아버지가 옳을지 몰라요, 얼마전에 제방감독관이 농장의 일꾼을 해고 했어요. 제가 할 수 있는 일이에요!"

노인은 다시 검은 담배 즙이 나오도록 하면서 왔다 갔다 걷기 시작했다. "제방감독관은 바보야, 배부른 거위처럼 미련해! 그의 아버지와 할아버지가 제방감독관이었기 때문에 그도 감독관일 뿐이야. 목초지가 스물아홉 개가 된다는 거하고 말이야. 성 마르틴 축제가 시작될 때는 이미 제방과 보에 대한 보고서가 처리되어 있어야 했어. 그는 교장선생을 구운 거위와 꿀술과 아주 좋은 케이크로 대접했거든. 그는 선생이 펜을 들고 숫자를 써내려 갈 때 머리만 끄덕이며 앉아 있었어. '네, 네. 교장선생님, 주님이 내리신 재능이십니다! 어쩜 그리 계산을 잘하세요?' 그러나 교장선생이 그것을 할 수 없거나, 하고 싶지 않아하면 그는 직접 그 일을 해야만 했고, 앉아서 적고 선을 그어 지웠었지. 그의 커다랗고 멍청한 머리가 뜨겁고 빨개졌고, 약간의 이해력이 나와야 할 때면 그의 눈은 유리 공처럼 부풀었단다."

청년은 아버지 바로 앞에 서서 그렇게 말씀하시는 아버지의 모습에 당황하고 있었다. 왜냐하면 노인이 그런 식으로 말하는 걸 한 번도 듣지 못했기 때문이었다. "네, 안됐네요. 실지로 그 사람은 멍청한지 몰라도, 그의 딸 엘케는 셈을 할 줄 알던데요!" 청년이 말했다.

노인은 그를 날카롭게 훑어보았다. "어이 하우케! 엘케 볼케르츠에 대해 네가 얼마나 아는데?" 그가 큰 소리로 외쳤다.

"아무것도 몰라요, 아버지! 교장선생님이 말한 것이 전부예요."

노인은 아무 대답도 안 했지만 생각에 잠겨 담배덩이를 한쪽 뺨에서 다른 쪽으로 밀어 넣었다.

"그리고 너도 역시 계산을 도울 수 있게 되리라 생각한다는 것이지?" 그가 말했다.

"네, 아버지, 그러리라 생각해요" 하우케는 대답하고 입을 엄숙하게 닫았다.

노인은 머리를 흔들었다. "자, 그래, 좋아. 가서 네 행운을 시험해 보렴!"

"아버지, 감사합니다!" 하우케가 말하고 다락에 있는 잠자리로 올라갔다. 그는 침대 끝에 앉아서 왜 아버지가 엘케 볼케르츠에 관하여 물었을까 생각해봤다. 그는 물론 햇볕에 그을린 얼굴과 오똑한 코와 도전적인 눈 위의 짙은 눈썹을 지닌 날씬한 처녀인 그녀를 알고 있었다. 그러나 지금까지 그는 거의 한마디도 그녀에게 말을 걸지 않았다. 이제 테데 볼케르츠에게 말을 하러 갈 적에 그는 그녀를 가까이에서 보고 그녀가 어떤 종류의 처녀인지를 알아 볼 작정이었다. 누군가 다른 이에게 그 자리를 뺏기지 않도록 그는 바로 떠나고자 했다. 아직은 저녁이 되지 않았던 것이다. 그래서 그는 일요일에 입는 상의를 걸치고 제일 좋은 부츠를 신고 자신 있게 출발했다.

제방감독관의 길쭉한 집은 높다란 둔덕 위에 있어서 멀리서도 보였다. 특히 마을에서 가장 키 큰 거대한 물푸레나무가 눈에 띄었다. 이 나무는 이 가문의 첫 제방감독관이 된 현재 제방감독관의 할아버지가 젊었을 적에 현관문의 동쪽에 심은 것이다. 그러나 처음에 심은 묘목이 죽자 그의 결혼식 날 아침에 세 번째로 심은 나무였다. 이 나무는 지금까지도 꼭대기의 잎이 점점 더 무성해지고 있었고 쉬지 않고 불어대는 바람 속에서 마치 지난 세월을 속삭이는 것 같았다.

한참 후 키 크고 호리호리한 모습의 하우케가 순무와 양배추가

자라고 있는 쪽으로 걸어올라 갔을 때 제방감독관의 딸이 아래쪽의 앞문 가까이에 서 있는 것을 보았다. 약간 마른 듯한 한쪽 팔은 나긋하게 내려져 있었고 다른 손은 누구든지 말을 타고 그 집에 왔을 경우에 말을 맬 수 있도록 문의 양면에 하나씩 고정된 두 개의 철제 고리 중 하나를 잡으려고 뻗고 있는 것 같아 보였다. 소녀는 제방을 넘어 바다를 보고 있는 것처럼 보였다. 저녁 무렵의 고요한 해가 바다로 가라앉으면서 마지막 광선으로 갈색의 그녀를 금빛으로 물들이고 있었다.

하우케는 약간 천천히 언덕을 올라가며 생각했다. '저러고 있으니 멍청해 보이지 않는걸!' 그러면서 꼭대기에 도착했다. "안녕하세요?" 그녀를 향해 가면서 그가 말했다. "큰 눈으로 뭘 보고 있어요, 엘케 양?"

"여기서 매일 저녁이면 일어나는 것이요. 매일 저녁 볼 수 있는 것은 아니죠." 그녀가 고리를 손에서 놓자 고리는 쩽그랑 하는 소리를 내면서 벽을 쳤다. "무슨 일로 여기까지 왔어요? 하우케 하이엔?" 그녀가 물었다.

"당신에게 거슬리지 않았으면 하고 바라는 어떤 일이에요. 당신의 아버지가 일꾼을 해고했다는 말을 들었어요. 그래서 댁에서 일을 했으면 하고 생각했어요." 그가 대답했다.

그녀는 그를 이리저리 보았다. "당신은 아직도 상당히 말랐어요, 하우케! 그러나 우리한테 필요한 것은 건강한 두 팔보다 예리한 두 눈이죠." 그녀는 말하면서 거의 모호하게 쳐다보았지만 하우케는 의연

하게 버티고 서 있었다. "그러면 이리 와요. 거실에 고용주가 있어요. 들어가요!" 그녀가 말했다.

*

다음날 테데 하이엔과 그의 아들은 제방감독관의 넓은 응접실에 들어갔다. 유약을 바른 타일로 벽을 발랐으며 이쪽 타일에는 바람에 부푼 돛단배와 강둑에 낚시꾼이, 저쪽에는 농가 앞에서 풀을 뜯어 먹고 있는 암소 한 마리가 그려져 있어 보는 사람의 눈을 즐겁게 해주고 있었다. 이 타일 벽은 지금은 문이 닫혀있는 거대한 콘솔형 침대와 진열용 유리 장에 가리어져 있었다. 유리문을 통하여 다양한 종류의 자기와 은그릇들이 보였다. 옆의 리셉션 방으로 통하는 문 옆에는 유리창 달린 네덜란드제 괘종시계가 서 있었다.

건장한 체구에 약간은 중풍기가 있는 집주인은 광나게 문질러 닦은 탁자의 끝에 놓인 안락의자의 화려한 양털 방석에 앉아 있었다. 그의 손은 배 위에 포개서 가지런히 놓여 있었으며 동그란 눈으로 기름진 오리고기의 뼈다귀를 흡족하게 바라보고 있었다. 나이프와 포크가 그의 앞에 있는 접시에 놓여 있었다.

"안녕하십니까, 제방감독관님!" 하이엔이 말했다. 제방감독관이 천천히 머리를 돌려 그를 쳐다보았다.

"자네로군, 그렇지, 테데?" 그는 대답을 했다. 목소리에선 저녁으로 먹어 치운 기름진 오리가 배어있었다. "앉아요, 자네 집에서 우리 집까지 오는 데 한참 걸리지!"

"내가 온 용건은 알고 있겠지만 , 제방감독관님!" 테테 하이엔이 벽을 따라 쭉 늘어선 벤치에 그 사람과 직각이 되도록 앉으면서 말했다. "일꾼에게 불만이 있어서 내 아들이 그 자리에 오는 것에 합의를 봤다고 들었어요."

제방감독관이 고개를 끄덕였다. "그래, 테테 그러나 '불만'이라니 무슨 뜻인가? 우리 소택지에 사는 사람들은 고맙게도 그러한 일이 있을 때 구제책을 갖고 있지." 그리고 자기 앞에 있는 나이프를 들고 거의 어루만지듯이 불행한 오리의 몸통을 툭툭 쳤다. "바로 내가 좋아하던 새였어." 편안하게 웃으면서 덧붙였다. "내가 주는 대로 받아먹던 오리였어."

"내가 생각하기로는 그 불량배는 외양간에 손해를 끼친 모양이요." 마지막 언급을 무시하면서 늙은 하이엔이 말했다.

"손해라고? 그래, 테테, 과연 그래, 손해를 충분히 끼쳤지. 뚱보는 송아지에게 물을 먹이지 않았고 헛간 다락에 정신없이 취해서 드러누워 있고, 동물들은 밤새 목이 말라 울부짖었었어. 나는 잠을 보충하려고 대낮까지 침대에 있어야만 했어. 그렇게 해서는 농장이 살아남지 못하지!"

"그래요, 제방감독관님, 내 아들과는 그런 일이 일어날 위험은 없어요."

하우케는 머리를 편히 기댄 채 반대편 유리 창틀을 자세히 살피면서 두 손을 주머니에 찌르고 문기둥 옆에 서 있었다.

제방감독관은 하우케를 보면서 그에게 머리를 끄덕였다. "그럼, 그럼. 테테" 그는 말했고 노인에게도 역시 고개를 끄덕였다. "당신의 하우케는 내 밤잠을 방해하지 않을 것이라고 교장선생이 벌써 말해주었지. 하우케는 브랜디 잔 앞에 앉아 있기 보다는 오히려 칠판 앞에 앉아 있을 것이라고 말이야."

하우케는 이 칭찬의 말에 주의를 기울이진 않았다. 왜냐하면 엘케가 방에 들어 와서 가벼운 손놀림으로 탁자에 먹다 남은 음식을 치우면서 검은 눈으로는 재빨리 그를 훑어보았기 때문이다. 그러자 그의 시선은 그녀에게로 향하였다. "맹세코, 멍청해 보이지는 않은 걸." 혼자서 중얼거렸다.

그 처녀는 다시 방을 나갔다. "자네 잘 알지, 테테." 제방감독관은 다시 이야기하기 시작하였다. "주님은 내게 아들을 선물하지 않으셨어."

"그렇네요, 제방감독관님, 그런 일로 마음 쓰지 마세요." 하이엔이 답했다. "왜냐하면 사람들이 말하길 한 가족의 지혜는 삼대면 그명을 다 한다지 않습니까. 당신의 할아버지가 나라를 지켰다는 것은 모두들 알고 있지요!"

이 언급을 깊이 생각한 후에 제방감독관은 상당히 당황한 것처럼 보였다. "뭘 말하고 싶은 것이지? 테테 하이엔?" 그는 안락의자에 똑바로 앉아서 말하였다. "내가 바로 삼대 째일세!"

"오, 네, 그렇군요! 기분 나쁘게 생각지 말아요! 제방감독관님 , 전해 내려오는 말일 뿐이지요!"

그리고 테테 하이엔은 오히려 악의 있는 눈으로 나이든 관료를 쳐다보았다. 그러나 제방감독관은 개의치 않고 말했다. "그러한 노파들의 이야기를 경솔히 받아들여서는 안 되오, 테테 하이엔. 자네가 아직 내 딸을 모르고 있어. 내 딸은 나보다 계산을 세 배나 잘하지. 내가 말하고자 하는 것은 자네 아들 하우케는 많은 것을 배울 수 있을 게요. 바깥에서뿐만 아니라 여기 집에서 펜과 연필을 가지고 말이유. 그런 일이 그에게 큰 도움이 될 것이오."

"예. 그럼요. 제방감독관님, 그렇게 될 겁니다. 옳은 말씀이세요." 늙은 하이엔이 말했다.

그리고는 전날 밤에 생각해내지 못했던 두세 가지 특혜조건을 고용계약에 넣었다. 그래서 하우케는 가을이면 리넨 셔츠와 함께 여덟 켤레의 양털 양말을 보너스로 받게 되었다. 봄에 팔일 동안 자신의 집에서 일을 도와야 하는 것 이외에도 그와 비슷한 것들을 많이 요구했다. 제방감독관은 모든 것에 다 동의했다. 하우케 하이엔은 그에게 이상적인 일꾼으로 여겨졌다.

"얘야, 하나님이 너를 도와주실 것이야, 만일 저 사람이 세상살이를 네게 설명해 줄 사람으로 적합하다면 말이다." 그 집을 나오자마자 노인이 말했다.

그러나 하우케는 조용히 대답했다. "신경 쓰지 마세요. 아버지. 모두 좋은 결과가 될 거예요."

*

그리고 하우케가 많이 틀린 것은 아니었다. 그가 이 집에 오래 머물수록 세상 혹은 세상이 의미하는 바가 무엇인지 더 명확해졌다. 그의 뛰어난 직관력이 별로 도움이 되지 못할수록, 스스로에게 도움이 되었던 자신의 강한 점에 더 의존하면 할수록, 아마 의미가 훨씬 더 명확해졌을 것이다. 그러나 좋아질 것 같아 보이지 않는 한 사람이 있었는데 바로 오레 페테르스이고 말재주가 있으며 열심히 일하는 수석 일꾼이었다. 이전의 차석일꾼은 키가 작고 게으르지만 머리가 둔해서 불평 없이 귀리 한 통을 책임지게 하는 일이 가능했다. 마음껏 거칠게 다룰 수도 있는 녀석이어서 그의 마음에 아주 들었다. 그러나 지능 면에서 그를 훨씬 능가하고 게다가 아주 조용한 성품인 하우케는 손에 넣을 수가 없었다. 하우케도 그를 이상하게 보았다. 그 수석 일꾼은 하우케의 아직도 숙련되지 않은 몸에 해가 될 만한 일을 골라서 시킬 정도로 교활했다. 그리고 그는 짬이 날 때마다 "자네가 뚱뚱한 바보를 봤어야 하는데, 그 녀석은 아무런 문제없이 이 일을 해치웠거든!"라는 말을 하면 하우케가 온 힘을 다하여 그 일을 끝내도록 했다. 다행인 것은 엘케가 스스로 또는 아버지를 대신해서 그런 일을 대체로 그만 두게 했다는 점이다. 때로 완전히 다른 배경의 사람들을 연결해 주는 게 무엇인지 궁금해 할 사람이 있을지 모르겠다. 아마 두 사람 다 천성적으로 숫자에 밝은 사람이고 그리고 그 처녀는 호감을 느끼는 사람이 고된 노동에 시달려서 망가지는 것을 볼 수가 없었다는 사실일 것이다.

성 마틴 축일이 있은 후에 여러 종류의 제방 보고서가 도착한 겨울에도 수석일꾼과 차석일꾼 간의 불화는 개선되지 않았었다. 5월의 어느 저녁, 전형적인 11월 날씨였지만, 집 안에서는 제방 뒤 바다에서 밀려와 부서지는 파도의 노호를 들을 수 있었다. "어이, 하우케" 제방 감독관이 불렀다. "들어와요, 이제 자네의 계산 실력을 보여 주게!"

"감독관님," 하고 여기 사람들이 부르는 대로 하이케가 대답했다. "저는 먼저 소에게 여물을 주어야 합니다."

"엘케!" 하고 제방감독관이 불렀다. "엘케, 어디 있지? 오레에게 가서 어린 소에게 여물을 주라고 말해. 그는 서류를 봐야 해!"

엘케는 서둘러 외양간에 가서 전날 사용했던 여물통을 제자리에 놓느라 바쁜 수석 일꾼에게 메시지를 전했다.

오레는 일하고 있던 자리 가까이에 있던 기둥에 고삐를 던졌다. 마치 그것을 갈기갈기 부숴 놓으려는 것처럼. "망할 놈의 펜대를 굴리는 녀석은 없애버려야 해!"

엘케는 견고한 문을 다시 닫기 전에 그 말을 들을 수 있었다.

"어찌 됐어?" 하고 딸이 한 번 더 방에 들어가자 아버지가 물었다.

"오레가 하려던 참이었데요." 입술을 깨물면서 딸이 대답했다. 그러고는 하우케 맞은편에 있는 거칠게 깎은 나무의자에 앉았다. 그 시절엔 아직도 겨울밤이면 집에서 직접 만들곤 했던 그러한 의자였다.

그녀는 서랍에서 빨간 새 무늬가 있는 흰 양말을 꺼내어서 뜨개질을 계속하였다. 그 위에 짜 넣은 다리가 긴 동물은 아마도 왜가리나 황새를 표현하려는 것 같았다. 하우케는 그녀의 반대 방향에 앉아서 계산에 몰두하고 있었다. 제방감독관은 안락의자에 앉아 졸린 눈으로 그의 펜대를 바라보면서 편안히 쉬고 있었다. 제방감독관의 집에는 의례 그렇듯 두 개의 쇠기름 양초가 탁자 위에서 타고 있었으며 납으로 씌운 두 개의 창문 앞에는 바깥에 덧문이 닫혀있고 안으로는 빗장이 걸려 있었다. 바람은 원하는 대로 사납게 몰아칠 수 있었다. 간간이 하우케는 일에서 고개를 들고 새 무늬 양말이나 처녀의 조용하고 가녀린 얼굴에 눈길을 던졌다.

갑자기 안락의자에서 코 고는 소리가 크게 났고 두 젊은이는 서로 빠른 눈길을 보내면서 미소 지었다. 그러고는 숨소리가 차차 조용해졌으며 둘이서 이제 애기를 몇 마디 나눠도 될 성 싶었다. 물론 하우케는 무슨 말을 해야 할지 몰랐지만.

그녀가 뜨개질감을 높이 쳐들었을 때 보니, 새들의 모습이 전체적으로 완성되어 있었다. 하우케는 탁자 너머로 속삭였다. "엘케, 어디서 배웠어?"

"뭘 배웠냐고?" 처녀가 물었다.

"어떻게 새 모양을 뜨는 거 말이야?" 하우케가 말했다.

"이것? 저기 제방 위에 사는 트린 얀스에게서. 그녀는 모든 종류의 뜨개질을 할 수 있어. 그녀는 우리 할아버지가 살아계실 적에 여기서 일을 해주었어."

"그런데 그 일은 틀림없이 네가 태어나기 훨씬 전일 텐데?" 하우케가 물었다.

"나도 그렇게 생각하지만, 그녀는 그 후에도 종종 집으로 왔어."

"그러면 그 여자도 새를 좋아해?" 하우케가 물었다. "나는 그 여자는 고양이만 좋아한다고 생각했거든."

엘케는 머리를 흔들었다. "그래, 그 여자는 오리를 키우고 팔기도 해. 그런데 지난봄에 네가 앙고라 고양이를 죽인 후에 뒷마당에 있는 축사에 쥐들이 드나들어서 요즈음 집 앞에 다른 축사를 짓고 싶어 해."

"그랬구나." 하우케가 잇새로 작게 휘파람을 내며 말했다. "그 여자가 돌과 진흙을 고지에서 날라 오는 이유가 그거였네!. 그렇게 되면 그 축사는 오솔길에 불룩 나오게 되는데 허가를 받았을까?"

"나도 모르겠어." 엘케가 대답했다. 그러나 하우케가 마지막 말을 얼마나 큰 어조로 말했는지 제방감독관이 잠에서 놀라 일어났다. "무슨 허가?" 한 사람 한 사람을 거의 사나운 표정으로 보더니 그가 물었다. "도대체 무슨 허가 말인가?"

하우케가 자초지종을 설명하자 그는 하우케의 어깨를 웃으면서 토닥거렸다.

"에이 여보게, 오솔길은 충분히 넓어. 제방감독관도 딱하지, 오리 축사까지 걱정해야 하니 말이야!"

하우케는 자신이 그 노파와 오리새끼들을 쥐들에게 내 맡긴 게 마음이 아팠고 뭐라 항변할 수도 없었다. "그러나 감독관님, 어떤 종류의 사람에겐 잘못을 꼬집어 주는 거도 좋은 일이지요. 만일 감독관님이 그 사람에게 직접 하기 싫으시다면, 제방 질서를 유지 시켜야 할 의무가 있는 제방 관리를 압박하시든지요."

"뭐라고? 지금 무슨 말을 하고 있는 거야? 자네" 제방감독관은 똑바로 앉았고 엘케는 장식용의 양말을 내려놓고 귀를 기울였다.

"네, 감독관님," 하우케가 계속했다. "당신은 이미 봄철 제방-시찰을 했습니다, 그러나 페터 얀젠은 그가 맡은 구역의 잡초를 아직까지도 제거하지 않고 있습니다. 그렇게 되면 여름에는 검은 방울새가 다시 즐겁게 붉은 엉겅퀴 꽃 주위를 흥겹게 놀 것입니다. 바로 그 옆에는 누구의 땅인지는 제가 모르지만 제방 바깥 면에 큰 구덩이가 있습니다. 날씨가 좋으면 항상 그 속에서 뒹구는 조그만 아이들로 가득 차지요. 하지만 홍수라도 나면 누가 우리를 지키겠습니까?"

늙은 제방감독관의 눈은 점점 더 커졌다.

"그리고 그때에는" 하우케가 계속했다.

"그 이외에는 무슨 일인가?" 제방감독관이 물었다. "자네 아직 끝나지 않았나?" 이는 차석 일꾼의 발언이 그에게는 이미 도가 지나치다는 의미로 들렸다.

"아닙니다, 그럼, 감독관님" 하우케가 계속했다. "들판에서 아버지의 말을 데리고 오는 제방 관리의 딸인 통통한 폴리나를 알고 계시지요. 그녀는 늙은 갈색 말 위에서 자신의 통통한 장딴지만 내리고 이랴! 하면서 제방 둑을 매번 비스듬히 올라가지요."

비로소 하우케는 엘케가 지적인 눈을 자신에게 던지면서 살며시 머리를 흔들고 있는 것을 깨달았다.

그는 조용해졌지만 노인의 주먹이 탁자를 치는 소리가 그의 귀에 울렸다. "나는 번개가 그 여자를 쳤으면 하고 바래!" 노인은 고함을 질렀고 하우케는 거의 갑자기 터져 나오는 곰같이 으르렁거리는 소리에 몸이 떨릴 지경이었다. "벌금! 뚱뚱한 년에게 벌금이 처해졌다는 것을 적어 두게. 그 촌 계집애가 지난여름에 내게서 새끼오리 세 마리를 잡아 채 갔어. 그래, 그래. 그걸 기록해 두게." 하우케가 멈칫거리자 그는 반복했다. "게다가 네 마리였다는 생각이 드는군!"

"왜, 아버지, 오리를 훔친 것은 살무사가 아니었어요?" 엘케가 말했다.

"거대한 살무사라니!" 코를 씨근거리면서 노인이 고함쳤다. "뚱뚱한 폴리나와 살무사 정도는 나도 구분할 줄 알아! 그래, 맞아, 오리 네 마리야. 하우케—자네가 지껄인 얘기 말일세. 봄에 총제방감독관과 나 자신은 우리 집에서 아침을 함께 한 후에 잡초와 너희 구덩이를 지나쳐 말을 타고 지나갔는데, 우리는 그것들을 못 보았어. 그는 하우케와 딸에게 한 번인가 두 번 의미심장하게 고개를 끄덕였다. "그러나 너희 두 사람은 고맙게도 제방감독관이 아니야! 사람에게는 눈이 단지 두개뿐이지만 눈을 백 개 가지면 더 잘 볼 수 있겠지. —그냥 강화 작업을 위한 계산서를 집어서, 하우케, 그리고 그것을 대조해. 그 녀석들은 흔히 되는 대로 합계를 내지!"

그리고 그는 안락의자에 다시 뒤로 기대고 한두 번 그의 육중한 몸을 뒤척인 후 곧 걱정 없는 잠에 빠져들었다.

*

이런 종류의 일들이 저녁에 반복되었다. 하우케는 예리한 눈을 가졌고 제방 관리인과 그의 딸과 함께 앉아 있을 적마다 그는 노인의 어떤 불법에 관한 주의나 제방에 관련된 또 다른 적극적인 죄와 태만

의 죄에 관한 주의를 환기시키는 데에 실패한 적이 없었다. 제방감독
관이 항상 보고도 못 본 체할 수 없으므로 행정상 활발한 업무 진행
이 부지중에 행하여졌다. 그리고 이전에는 옛 관습에 따라 계속 과오
를 범했고, 이제 그들 자신이 질책 당할만한 게으른 행동으로 나무람
을 받는다는 사실을 느끼게 된 사람들은, 재난이 어디에서 불어 닥칠
지 알려고 초조와 당황 속에서 그들의 주위를 둘러보게 되었다. 그러
는 사이 수석 일꾼 오레는 가능한 멀리 이를 폭로하고 그럼으로써 사
람들 사이에 하우케와 죄를 당연히 같이 나누어야 하는 그의 아버지
에 대한 반감이 일어나게 하는데 주저하지 않았다. 이 상황에 해당되
지 않았거나 문제가 올바르게 행해져야 하는 것에만 관심이 있는 다
른 사람들은 단번에 청년이 그 노인을 서두르게 만든 것을 보고 웃으
며 즐거워했다. 그들은 말하였다. "저 악당이 적절한 양의 땅을 가지
지 않은 것이 유감이다. 그렇지 않으면 어느 날엔가 예전의 제방감독
관처럼 그런 제방감독관이 되었을 텐데. 그렇지만 그의 아버지의 부
족한 땅 가지고는 충분치 못해!"

그 다음 가을에 고급 공무원이자 총제방감독관이 조사를 하러
왔을 적에, 그는 늙은 테데 볼케르츠가 아침을 먹자고 권하자 그를
머리에서 발끝까지 찬찬히 보았다. "실제로 제방감독관, 난 당신이 정
말 십 년이 더 젊어졌다고 벌써부터 생각하고 있었소. 당신은 이번에
전부 다 제안하셨소. 우리가 오늘 하루에 이 일을 다 마칠 수 있을까
싶긴 하지만 말이오."

"마치다마다요. 총제방감독관님, 다 끝날 겁니다." 노인이 씩 웃으

면서 대답했다. "구운 거위가 우리에게 힘을 줄 겁니다! 네, 고맙게도 나는 아직도 건강이 좋고 팔팔해요." 그는 하우케가 그곳에 없는지 확인하려고 방을 둘러보았다. 그 다음 조용한 위엄을 가지고 덧붙였다. "그리고 만일 하나님을 기쁘게 하는 것이라면 나는 이삼 년 더 편안히 내 의무를 수행할 수 있었으면 하고 희망해요."

"우선, 친애하는 제방감독관, 그것을 위하여 축배를 듭시다." 그의 상관이 일어서서 대답했다. 아침을 차려 내고 있던 엘케는 유리잔이 쨍그랑 부딪힐 때 조용히 미소를 띠우며 방을 떠났다. 그 다음에 그녀는 부엌에서 남은 음식 통을 들고 마구간을 통과해서 바깥 문 앞에 있는 가금류에게 던졌다. 하우케 하이엔은 마구간에 있었다. 심한 폭풍우 때문에 벌써 되돌아온 소를 위하여 사료 선반에 건초를 긁어 올렸다. 처녀가 다가오는 것을 본 그는 바닥에 갈퀴를 꽂았다.

"어, 엘케구나?" 그가 말했다.

그녀는 멈춰 서서 그에게 끄덕였다. "응, 하우케―방금 네가 안에 있었어야 하는 건데!"

"그렇게 생각해? 왜, 엘케?"

"총제방감독관님이 주인을 칭찬하셨어."

"주인을? 나랑 그 말이 무슨 상관이 있어?"

"아니, 내 말은 그가 제방감독관을 칭찬했다고!"

젊은이의 얼굴이 새빨갛게 붉어졌다. "네가 뭘 말하고 싶은지 잘 알아." 그가 말했다.

"얼굴이 빨개질 필요 없어, 하우케, 총제방감독관이 칭찬한 것은 실제로 바로 너였어!

하우케는 살짝 미소를 띠우면서 그녀를 쳐다보았다. "그리고 너도 같이, 엘케" 그가 말했다.

그러나 그녀는 머리를 흔들었다. "아니야, 하우케, 나 혼자 도왔을 때는 칭찬 받은 적이 없었어. 나는 단지 계산할 수 있을 뿐이었어. 그러나 너는 제방감독관이 실제로 바깥에서 꼭 봐야 하는 것 모두를 하고 있어. 나를 능가한 거지!"

"그럴 의도는 없었는데, 네게는 절대 아니야." 하우케가 소의 머리를 옆으로 밀치면서 수줍게 말했다. "어이, 이쁜 소야, 건초용 쇠스랑을 먹지는 마. 네가 원하는 만큼 모두 먹을 수 있어!"

"내가 시샘한다고 생각할 필요 없어, 하우케" 잠시 생각한 후 처녀가 말했다. "그건 남자일이잖아."

이 말을 듣고 하우케가 그녀에게 손을 내밀었다. "엘케, 네 손을 이 위에 놓아!"

짙은 선홍색이 처녀의 얼굴 위로 짙은 눈썹까지 퍼졌다. "왜? 난 거짓말쟁이가 아니야" 그녀가 소리쳤다.

하우케는 대답하려고 했지만 그녀는 벌써 마구간을 떠나 버렸다. 그리고 그는 손에 쇠스랑을 들고 그녀 주변의 오리와 닭이 밖에서 꽥꽥거리고 꼬꼬댁 거리는 소리만을 들으며 서 있었다.

*

하우케가 근무한지 삼 년째 되는 해의 일월에 겨울 페스티벌, 이

지역에서는 '아이스 볼링'이라 부르는 행사가 개최되었다. 해안의 바람이 그치고 오래 남아 있던 서리가 고르고 단단한 두께로 들판 사이의 수로를 모두 덮었다. 그래서 조각조각 갈라져 있던 경지는 이제 납으로 메꿔서 만든 작은 나무 공을 던지며 놀 수 있는 넓은 들판이 되었다. 날이면 날마다, 가벼운 북동쪽의 미풍이 불어오고 있었다. 모든 것은 축제를 위하여 있었으면 하는 바로 그대로였다. 전년도에 우승한 고지 마을사람에게 동쪽마을의 사람들이 도전장을 냈으며 받아들여졌다. 양편에서 아홉 명이 투수로 뽑혔고 심판관과 주심도 역시 선발되었다. 언제든지 던진 상태가 모호하여 합의에 도달하지 못할 때, 그 문제를 의논하는 것이 임무인 주심은 항상 개별 경우를 가능한 한 명백한 논리로 어떻게 진술해야 하는지를 아는 남자들이었다. 상식은 별 문제로 하고 말재주가 있는 젊은 사람이 선호되었다. 이 범주에 맨 먼저 제방감독관의 수석 일꾼인 오레 페테르스가 포함되었다. "그저 맹렬히 던져 버려. 내가 재잘대는 소리는 해결할게!"

페스티벌 전날 밤이었다. 고지에 위치한 마을 여관의 휴게실에서 다수의 선수들이 그 팀에 상당히 늦게 지원한 사람들의 참가를 결정하기 위하여 모였다. 하우케 하이엔도 이 신참자 중 한 명이었다. 처음에 그는 신청하기를 원치 않았지만 그래도 자신의 팔이 잘 훈련되어 있음을 알고 있었다. 그러나 그는 그 경기의 주체자 가운데 명예직을 가지고 있는 오레 페테르스에 의하여 거절당할 것이 두려웠다. 그는 굴욕을 피하고 싶었다. 그러나 엘케가 마지막 순간에 그의 마음을 바꿔놓았다. "그가 감히 어쩌지 못할 거야. 하우케. 그는 일용노동자의 아들이고 너의 아버지는 말과 소를 소유하고 있고 또 마을에서 가장 영리한 사람이야."

"그러나 만일 그가 그런 일을 해버리면 어떻게 하지?"

반쯤 미소 지으면서 그녀는 검은 눈으로 그를 쳐다보았다. "그랬다가는 만일 그가 저녁에 주인 딸과 춤 추기를 원하면 듣기 싫은 소리를 하여 쫓아 버릴게!" 그 때문에 하우케는 용감하게 끄덕이며 동의했다.

이제 여전히 경기에 참석하고자 원하는 젊은이들이 마을 여관 앞에 추위에 떨면서 발을 동동 구르고 서서 여관 바로 옆에 서 있는 바위 위에 만들어진 교회의 첨탑을 올려다보았다. 여름을 동네 목초지에서 보냈던 목사가 방목한 비둘기는 곡식의 낟알을 찾아 다녔던 농가와 헛간으로부터 돌아 와 둥지가 있는 탑 뒤쪽 지붕의 기왓장 밑으로 사라졌다. 서쪽에는 붉은 하늘이 바다 위에서 빛났다.

"내일 날씨가 좋으려나 봐." 젊은이 중 한 사람이 말했고 재빨리 왔다 갔다 걷기 시작했다. "그런데 춥다! 추워!" 더 이상 비둘기가 날아다니지 않는 것을 보고 두 번째 젊은이가 여관에 들어 와서 활발한 대화가 쏟아져 나오고 있는 휴게실의 문 가까이에서 귀를 기울이며 서 있었다. 제방감독관의 차석 일꾼이 와서 그의 옆에 섰다. "들어 봐, 하우케" 그 젊은이가 말했다. "지금 그들이 너에 대하여 큰소리로 말하고 있는 중이야!" 그리고 휴게실 안쪽에서부터 오레 페테르스의 신경에 거슬리는 목소리가 뚜렷이 들려왔다. "어린 소년들하고 하급 일꾼들은 여기에 참가 못해!"

"이리 와," 다른 사람이 속삭였고 휴게실 문 쪽으로 하우케의 소매를 붙잡고 끌어가려 했다.

"이제 그들이 너를 어떻게 평가하는지 들을 수 있을 거야." 그러나 하우케는 몸을 빼어내어서 다시 여관 앞으로 갔다. "저들이 우리한테 들으라고 문을 닫고 내쫓은 게 아니잖아."

여관 앞에는 세 번째 신청자가 서 있었다. 그가 하우케에게 말했다. "난 약점이 있어. 나는 아직 18세도 안 됐어. 세례 증명서를 그들이 보자고 하지 않기만을 바래. 그렇지만 하우케 너야 수석일꾼이 빼내 주겠지!"

"그래, 빼내 주겠지" 길 건너로 돌을 차면서 하우케는 고함질렀다. "끼워넣는 게 아니고!"

휴게실 안의 소리는 점점 더 커졌다. 그리고 점차 침묵이 계속되었다. 바깥에 서 있는 사람들은 한 번 더 교회 첨탑 위를 스치면서 불고 있는 가벼운 북동풍소리를 들을 수 있었다.

엿듣는 사람이 다시 나타났다. "그들이 누구를 선택했지?" 18살짜리가 물었다.

"저기 저 친구야" 그곳에 있던 한 사람이 말하며 하우케를 가리켰다. "오레 페테르스가 저 친구를 어린애라고 하니까, 다른 사람들 모두가 큰 소리로 반대했어. 그리고 '그의 아버지가 땅과 가축을 소유하고 있어'라고 이에스 한젠이 말했지. 그러자 오레 페테르스가 '그래, 땅, 수레가 열댓 번 지나다니면 끝나는 그 땅 말이로군!' 하고 소리쳤어. 결국 오레 헨젠이 나섰지. '입 다물어! 내가 가르쳐 주지, 이 마을에서 가장 중요한 사람이 누구지'라고 소리쳤지. 처음에 모두 조용히 숙고하는 것처럼 보이더군. 그리고 한 목소리가 말했어. '물론 제방감독관이지!' 하고. 그러자 모든 다른 사람들이 소리쳤어. '맞아, 제방감독관이고 말고!' '그럼 누가 제방감독관이지? 그것을 생각해 봐!'라고 오레 헨젠이 다시 소리쳤어. '그것을 생각해 봐!' 그들 중 한 사람이 조용히 웃기 시작했어. 그러자 또 한 사람이 웃었고, 결국 그 안은 웃음소리밖엔 들리지 않았지. '그럼 그를 부르게, 자네들 설마 제방감독관을 문밖으로 내쫓으려는 건 아닐 테니 말일세.' 하고 오레 헨젠이 말했어. 나는 그들이 여전히 웃을 거라고 생각해. 그러나 오레 페테르스의 목소리는 더 이상 들리지 않았어." 그 젊은이는 보고를 끝맺었다.

거의 같은 순간에 휴게실의 문이 잡아 당겨지면서 열렸고 "하우케! 하우케 하이엔!"을 크게 부르는 소리만 차가운 밤에 즐겁게 울려 퍼졌다.

그 다음에 하우케가 여관으로 빨리 걸어갔지만 제방감독관이라고 떠드는 사람이 누군지는 들을 수가 없었다. 그리고 아무도 그의 머리에 무슨 생각이 들끓고 있는지 알 수가 없었다.

한참 후에 그가 주인집에 가까이 갔을 적에 오솔길 아래쪽의 대문 곁에 있는 엘케를 보았다. 그리고 달은 서리가 끝없이 하얗게 덮여 있는 목초지 위를 비춰주고 있었다. "아직도 여기 있네, 엘케?" 그가 말했다.

그녀는 단순히 머리를 끄덕였다. 그리고 그녀는 말했다. "무슨 일이 있었어? 그가 감히 너에게 반대하는 투표를 했어?"

"왜, 안 그랬겠어?"

"자, 그럼"

"그래, 엘케, 나 내일 경기에 참여할 수 있어!"

"잘 자, 하우케!" 그리고 그녀는 언덕을 서둘러 올라가서 집안으로 사라졌다.

천천히 그는 그녀를 뒤따라갔다.

*

다음날 오후 제방의 육지 쪽을 따라서 동쪽으로 통하는 넓은 목초지에 시커먼 군중들이 움직이지 않은 채 서 있는 것이 보였다. 이제 같은 재질의 나무공이 햇빛에 의하여 서리가 치워진 땅 위를 두 번 날아가자, 대열은 그들 뒤의 길고 낮은 집들을 뒤로하고 점차 계속해서 앞으로 나아갔다. 한가운데 늙은이와 젊은이들에 둘러 싸여 있는 아이스볼링 선수들은 이 마을이나 혹은 저 위에 고지에 있는 마을에 집이나 거처를 둔 사람들이었다. 긴 외투를 입은 나이 든 사람들은 짧은 파이프를 생각에 잠겨 뻐끔뻐끔 피우고 있었고, 여자들은 숄을 두르거나 재킷을 입고 있었으며, 몇 여자들은 손에 아이들을 꼭 잡거나 팔에 아이들을 안고 있었다. 얼어붙은 수로에서부터 수로를 가로 질러서 구경꾼들이 점차 나아가고 있었다. 오후 태양의 희미한 빛은 갈대의 뾰족한 끝을 통하여 빛났다. 얼어붙을 듯 험한 날씨였지만 경기는 쉬지 않고 진행되었다. 그리고 공이 던져질 때는 모든 눈이 날아가는 공을 따라 갔다. 왜냐하면 그날 마을 전체의 명예가 달려 있기 때문이었다. 심판원은 끝을 철로 장식한 지휘봉을 지니고 다녔다. 마을 주심은 하얀 지휘봉, 고지 주심은 검은 지휘봉이었다. 공이 멈춰 서는 곳에 지휘봉은 얼어붙은 땅 속에 세웠다. 말없는 승인을 획득하거나 상대 팀의 깔보는 웃음소리는 던지기의 기술에 전적으로 달려 있었다. 그리고 자신이 친 공이 최초로 목표에 도달한 선수가 그의 팀에 승리를 가져 오게 된다.

사람들은 거의 말을 하지 않았다. 선수가 투척을 잘했을 적에만 젊은 사람들이나 여자로부터 나오는 환성을 들을 수가 있었다. 나이 많은 사람들 중 한 사람이 입에서 파이프를 꺼내어서 인정하는 몇 마디의 말을 중얼거리면서 파이프를 가지고 선수의 어깨를 툭 쳤다. "던지기란 바로 이런 거다, 라며 자하리스는 말하고 자기 마누라를 채광창 밖으로 던졌지." 또는 "그게 바로 너의 아버지가 던지던 방식이야. 하나님이 내세에서 그를 안락하게 해 주실 거야!" 또는 무엇이든지 그들이 칭찬이라고 생각하는 것을 말했다.

하우케의 처음 던지기는 운이 나빴다. 그가 공을 세게 던지려고 팔을 뒤로 휙 치켜 올리는 순간 좀 전까지 해를 가리고 있던 구름이 옆으로 비켜서 햇빛이 그의 눈에 완전히 맞부딪혔다. 던진 것은 너무 짧았고 공은 수로에 빠져서 얼음판에 단단히 꽂혔다.

"무효야! 무효야! 하우케, 다시 던져!" 그의 팀 동료들이 외쳤다.

그러나 고지 심판원이 공격하려 일어났다 "물론 유효해. 던진 것은 던진 거야!"

"오레! 오레 페테르스!" 소택지에 사는 젊은 사람들이 소리쳤다.

"오레가 어디 있지? 도대체 그는 어디 있는 거야?"

그러나 오레는 이미 그곳에 있었다. "고함 칠 필요가 없어요! 하우케가 위급한 고비에 빠져 있다고? 내가 생각하기도 그래!"

"전혀 그렇지 않아! 하우케가 다시 던져야 해. 당신이 임기응변에 능한 지를 보여 줘!"

"내가 그 일을 해낼 거야!" 오레가 소리쳤다. 그는 고지의 심판원에게 걸어가서 허튼 말을 쏟아 놓았다. 그러나 그의 말에 일반적으로 헐뜯던 날카로운 언급이나 독설은 이번에는 생략되었다. 의심스럽다는 듯이 눈썹을 치켜세운 처녀는 그의 옆에 서 있었다. 사납고 화난 눈으로 그를 날카롭게 쳐다보았다. 그러나 그녀는 말을 할 수가 없었다. 여자들은 경기에 관하여 견해를 표현할 수 있는 자격이 없었다.

"당신은 말도 안 되는 소리를 하고 있어요." 다른 심판원이 소리쳤다. "이치에 닿는 말을 하는 것이 당신의 목적에 맞지 않기 때문이오. 해, 달 그리고 별들은 우리 모두에게 동일한 것이고. 그것들은 항상 하늘에 있어요. 아까 것은 서투른 던지기였고 잘되지 못한 던지기도 모두 계산에 넣는 거요!"

그들은 한동안 이런 상태로 서로 주장했다. 그러나 마지막에 심판관의 결정은 하우케가 던지기를 반복할 수 없다는 것이었다.

"계속합시다!" 고지팀이 소리쳤다 그리고 그들의 심판원이 그의 검정 막대기를 땅 밖으로 끌어냈다. 다음 던질 사람의 번호를 불렀다. 그는 앞으로 걸어가서 공을 세게 던졌다. 제방감독관의 수석 일꾼이 던지기를 관찰하기 위하여 나갔다. 그는 엘케 볼케르츠의 앞을 지나

가야 했다. "오늘 누굴 위해 그런 정신 나간 짓을 하시나?" 그녀는 나직하게 말했다.

그는 거의 화가 치밀어서 그녀를 쳐다보았다. 흥겹게 떠들었던 흔적이 그의 거칠 것 없는 얼굴에서 사라졌다. "너를 위하여. 너도 역시 정신이 나갔네!"

"꺼져버려요! 나는 당신을 잘 알아요, 오레 페테르스!" 처녀는 똑바로 서서 대꾸했다. 그러나 그는 듣지 못한 것처럼 머리를 돌렸다.

경기와 더불어서 하얀 막대와 검은 막대가 계속 전진했다. 하우케가 다시 던지는 차례가 되었을 때 그의 공은 목표—커다란 흰 도료를 칠한 통—가 뚜렷이 보이는 지점까지 먼 거리를 날아갔다. 그는 이제 균형 잡힌 젊은이였고 던지는 기술과 수학을 소년시절에 매일 연마했었다.

"오호, 하우케! 그것은 대천사 미카엘에 어울릴 만 했어."라고 군중 속에서 목소리가 외쳤다. 한 늙은 여자가 케이크와 브랜디를 가지고 구경꾼을 지나 그에게로 왔다. 컵을 채우고 그녀는 그것을 그에게 주었다. "이 봐요." 그녀가 말했다. "과거사는 잊어 버려. 너는 내 고양이를 죽였을 적보다 오늘 훨씬 훌륭했어." 그는 그녀가 트린 얀스라는 것을 알아보았다. "고마워요, 그런데 저는 술은 마시지 않아요." 그는 주머니에 손을 넣어 새로이 주조된 마르크화 동전 한 개를 꺼내어 그녀의 손에 쥐어주었다. "이걸 받으세요, 그리고 이 술은 할멈이 마셔요. 이제 우리 과거사는 물에 흘러 보내요!"

"당신이 맞아. 하우케" 그 늙은 여자는 그 말에 따르면서 대답을 했다. "당신 말이 맞아. 나 같은 늙은 여자에게는 그것이 훨씬 나아."

"오리는 잘 자라나요?" 그는 그녀가 바구니를 들고 계속 걷자 뒤에 대고 물었다. 그러나 그녀는 뒤돌아보지 않고 허공에 손만 흔들었다. "깡그리 없어졌어, 하우케. 깡그리. 너의 도랑에는 너무 쥐가 많아. 부질없는 걱정은 말고. 이 몸은 빵을 다른 방법으로 벌어야겠어." 그녀는 군중을 헤치고 나아가 브랜디와 꿀 빵을 다시 팔기 시작했다.

해는 드디어 제방 아래로 지기 시작했다. 태양 대신에 불그스레하며 어렴풋한 빛이 올라오고 있었다. 때때로 검은 까마귀가 머리 위를 나르고 순식간에 하늘은 금빛으로 물들었다. 하루가 저물고 있었다. 그러나 들녘에는 검은 구경꾼들이 이제 멀어져 버린 마을에서 커다란 통이 있는 쪽으로 움직이고 있었다. 특별히 숙련된 사람의 던지기라면 이제 그 통에 틀림없이 닿을 수가 있을 것이다. 소택지 팀의 차례였다. 던질 사람은 하우케였다.

저녁 그림자가 광대하고 평평한 들판의 제방에 드리워지고 있는 가운데, 하얗게 칠한 통이 밝게 비쳤다. "너는 이번에 우리들에게 공을 남겨두고 떠날 거야." 고지 팀의 한 사람이 소리쳤다. 경기는 대단히 진지해졌다. 그들은 적어도 10피트 앞서 있었다.

하우케의 깡마른 모습이 사람들 가운데서 바로 걸어 나오고 있었다. 프리즐란트 사람의 긴 얼굴에 회색 눈이 통 쪽을 향했다. 그의 늘어뜨린 손에는 공이 놓여있었다.

그 순간에 그의 귀 옆에서 오레 페테르스의 거슬리는 목소리가 바로 들렸다. "저 새는 네가 죽이기에는 너무 크지, 안 그래? 회색 항아리하고 바꿔야 하려나?"

하우케는 돌아서서 그를 뚫어지게 쳐다보았다. "나는 소택지를 위하여 던지고 있는 중이에요. 당신은 누구 편이에요?" 그가 말했다.

"너랑 같지, 내가 생각하기로는 너는 엘케 볼케르츠를 위하여 던지는 것 같은데!"

"비키세요!" 하우케가 소리치고 자세를 다시 취하였다.

그러나 오레는 그의 머리를 하우케에게 더 가까이 디밀었다. 하우케 자신이 미처 이에 대응하기도 전에 갑자기 손 하나가 주제넘게 참견하는 녀석을 잡아 뒤로 끌어내자, 그는 웃고 있는 동료에 부딪혀 넘어졌다. 그것은 큰 손이 아니었다. 하우케가 재빨리 머리를 돌리자 그의 옆에 소매를 반듯이 세우고 있는 엘케 볼케르츠가 보였다. 그녀의 짙은 눈썹은 화가 나서 발그레해진 얼굴에 두드러졌다.

그러자 강철 같은 힘이 하우케의 팔에서 흘러 나왔다. 그는 앞으로 약간 기대어서 손으로 공을 두서너 번 들어 올리고 다음에 팔을 뒤로 흔들었다. 양 팀 모두 죽은 듯이 고요했다. 모든 눈이 날아가는 공을 따랐다. 그리고 공이 허공을 헤치고 나아갈 때 돌진하는 소리가 들렸다. 이미 출발 지점에서부터 멀리, 울음소리를 내면서 제방으로부터 가까이 접근하고 있던 은빛 갈매기의 날개 뒤에서 갑자기 공이 시야에서 사라졌다. 그리고 동시에 먼 곳에서 공이 통을 때리는 소리를 들었다. "하우케 만세" 소택지 팀이 소리쳤다. 그리고 군중들이 시끄럽게 소리를 내기 시작했다. "하우케, 하우케 하이엔이 이번 경기에서 승리를 거두었다!" 그러나 하우케가 청중들에 의하여 겹겹이 둘러싸였을 때도 내민 것은 단지 하나의 특별한 손이었다! 그리고 다시 그들이 소리쳤다. "왜 그러고 서 있나, 하우케? 공이 통 속에 들어갔어!" 그는 그 자리에서 움직이지 않고 단순히 고개만 끄덕였다. 자그마한 손이 그의 손을 단단히 움켜쥠을 느꼈을 적에야 그가 말했다. "사람들 말이 옳겠지, 나도 이겼다고 생각해!"

그 다음에 관중 전체가 되돌아오자 엘케와 하우케는 떨어져서 사람에 밀려 여관으로 가는 길로 방향을 잡았다. 제방감독관의 집에서 고지 방향으로 향하는 길이었다. 그러나 그곳에서 두 사람은 밀어닥치는 인파에서 풀려났다. 그리고 엘케가 그녀의 방으로 갈 적에 하우케는 언덕 위의 철문 앞에 서서 거무스름한 행렬이 점차 여관으로 걸어가는 것을 지켜보았다. 그곳에 춤추려는 사람들을 위한 방 하나가 마련되어 있었다. 어둠이 전 지역에 천천히 퍼졌다. 정적은 그의 주위에 깊어 갔다. 그리고 뒤 마구간에서 가축의 움직임이 들렸다. 그는 고지에서는 벌써 여관에서 나오는 클라리넷의 소리를 들을 수 있을 것 같은 생각이 들었다. 그리고 집 모퉁이에서 드레스의 스치는 소리와 단단하고 짧은 발걸음이 들판을 지나 고지로 통하는 길 위를 걷는 소리도 들었다. 이제 어둠 속에서 그는 걸어 나가는 모습을 볼 수 있었으며 그것이 엘케임을 알았다. 그녀도 역시 여관에 춤을 추러 가고 있었다. 가슴에서 혈기가 솟구쳤다. 그녀를 따라가지 말아야 하는가 아니면 함께 가야 하는가? 그러나 하우케는 여자들의 선망을 받는 남자가 아니었기에 이 질문을 곰곰이 생각하면서 그녀가 어둠 속으로 시야에서 사라질 때까지 서 있었다.

그녀를 따라 잡을 위험이 사라지자 그는 교회 옆의 여관에 도착할 때까지 같은 길을 걸어갔다. 여관 앞과 입구에 빽빽이 들어차 있는 사람들의 고함과 재잘대는 소리와 바이올린과 클라리넷의 날카로운 울림이 그의 귀청을 터지게 했고 그의 머리를 어지럽게 했다. 눈에 띄지 않고 그는 '회의실'까지 헤치고 나아갔다. 그 방은 크지 않았지만 사람으로 꽉 차서 한 걸음 앞도 거의 볼 수가 없었다. 누구에게도 말 한마디 하지 않고 그는 문설주 옆에 섰고 혼잡하게 모인 사람들을 불안하게 쳐다보았다. 사람들이 그에게 바보처럼 보였다. 어떤 사람이 결전에서 이겼는지 또는 누가 바로 한 시간 전에 경기에서 승리를 거두었는지를 누군가가 아직도 생각하고 있지 않을까 하는 점은 전혀 그가 고민하지 않아도 되었다. 각자는 자기의 연인 밖에 바라보지 않고 연인과 함께 음악에 따라 원을 그리고 있었다. 그의 눈도 단지 한 사람만을 찾고 있었다. 그리고 드디어 '저기다!' 그녀는 자신의 사촌인 젊은 제방 에이전트와 춤을 추고 있었다. 그러나 벌써 그녀는 그의 시야에서 사라졌고 그가 전혀 흥미를 느끼지 않는 고지와 소택지에서 온 다른 처녀들만을 볼 수 있었다. 그때 클라리넷과 바이올린이 갑자기 멈추었고 춤이 끝났지만 즉각 다른 춤이 뒤따랐다. 어떤 생각이 갑자기 하우케의 머리에 문득 떠올랐다. 엘케가 약속을 지킬까? 혹시 오레 페테르스와 춤을 추면서 그의 곁을 지나가는 것은 아닐까? 그 생각이 들자 그는 하마터면 큰 소리를 지를 뻔했다. 그러면 결국 무엇을 그는 기대했는가?

그러나 그녀는 이번 댄스에도 도대체 나타나지 않았다. 드디어 이

번 춤도 끝나고 그 다음에는 다른 춤—두 스텝—바로 현재 이 지역에서 유행하는 춤이 뒤따랐다. 음악은 열정적으로 시작되었다. 젊은이들은 처녀들을 향하여 돌진하였고 방의 벽에 있는 등불은 깜박였다. 하우케는 춤을 출 사람을 고르려고 하면서 거의 목을 접지를 뻔했다. 그곳에 세 번째 쌍에 오레 페테르스가 있었다. 그러면 그의 상대는 어디에 있는가? 소택지 출신의 조심성 없는 젊은 녀석이 하우케의 시야로부터 그녀의 얼굴을 가리면서 그녀의 앞에 서 있었다. 그러나 춤은 미친 듯이 계속되었고 오레와 그의 파트너는 열 밖에서 회전했다. '볼리나였구나, 볼리나 하르데르스!' 하우케는 자칫 큰 소리로 고함을 지를 뻔하다가, 즉시 안도하면서 한숨을 쉬었다. 그런데 엘케는 어디에 있나? 그녀는 파트너가 없었나, 아니면 오레와 춤을 추기 싫어서 모든 초대를 다 거절한 걸까? 그리고 음악이 다시 한 번 더 멈추었고 새로운 춤이 시작되었다. 아직도 그는 엘케를 어디에서도 볼 수가 없었다. 그때 오레가 나타났다. 여전히 그의 팔에 풍만한 볼리나를 끌어안고 있었다. "그래, 그래 이제 이에스 하르데르스가 스물다섯 데마트 땅만 남겨놓고 은퇴할 때가 됐군, 그런데 엘케가 어디 있지?"

하우케는 문기둥 옆의 자기 자리를 떠나 방안으로 더 밀어 제치고 나아갔다. 갑자기 그는 친구인 나이 많은 여자와 함께 구석에 앉아 있는 그녀 앞에 있는 자신을 발견했다. 그녀는 날씬한 얼굴을 그의 얼굴까지 치켜 올리면서 "하우케" 하고 소리쳤다. "여기 있어요? 춤을 추고 있는 당신을 못 보았어요."

"나는 춤을 추지 않았어요." 그가 대답했다.

"왜 추지 않았죠?, 하우케?" 의자에서 반쯤 일어나면서 그녀가 덧붙였다. "나랑 춤추겠어요? 나는 오레 페테르스의 체면을 세워주지 않았어요. 그는 다시 오지 않을 걸요!"

그러나 하우케는 그렇게 하려고 움직이지 않았다. "고마워, 엘케. 그러나 나는 지금 어리벙벙해서 말이야. 그들이 너를 비웃을 수도 있어. 그리고 그러면" 그는 돌연히 그만 두었고 단지 회색 눈으로 부드럽게 그녀를 쳐다보았다. 마치 나머지 말은 두 눈에 맡기기라도 했다는 듯이.

"무슨 말이야, 하우케?" 그녀가 조용히 물었다.

"내 말은 엘케, 나에겐 지금까지 해왔던 것 중에 오늘보다 더 좋은 날은 없을 거라고."

"그래, 네가 경기에서 승리했어."

"엘케!" 그는 그녀를 거의 들리지 않을 만큼 타일렀다.

그녀는 얼굴이 빨갛게 달아올랐다. "뭘 말하려고 하는데?" 그녀는 시선을 떨구었다.

바로 그때 그녀의 친구가 젊은이와 춤을 추려고 옷자락을 끌며 나갔다. 그리고 하우케는 더 큰 목소리로 말했다. "엘케, 나는 그 보다도 훨씬 더 좋은 것을 얻었다는 생각을 해."

그녀는 잠시 마루를 내려다보았다. 그 다음에 천천히 올려다보았다. 자신의 존재에 대한 완전한 자신감으로 가득 찬 그녀의 눈은, 여름 공기처럼 그를 통과하여 나오는 듯한 표정으로 그의 눈과 마주쳤다. "당신의 마음이 시키는 대로 행동해요, 하우케! 확실히 우리는 이제 서로를 충분히 더 잘 알게 되었어요." 그녀가 말했다.

엘케는 그날 저녁 더 이상 춤추지 않았다. 그리고 집으로 가는 길에 그들은 손을 맞잡고 걸었다. 하늘 높이에서 별은 조용한 습지 위를 비추었다. 가벼운 동쪽 바람이 심한 추위를 불러오면서 불고 있었다. 그러나 두 젊은이는 마치 봄이 갑자기 당도한 것처럼 스카프나 외투도 없이 계속 걸었다.

*

하우케는 불확실한 미래가 되겠지만 언젠가 조용한 축하자리를 마련할 때 사용할 적당한 물건 하나를 궁리해 놨다. 그리하여 그 다음 일요일에 그는 시내로 가서 금 세공인인 나이 많은 안데르젠을 방문하여 금반지 한 개를 주문했다. "손가락을 보여 주어요. 당신의 치수를 잴 수 있도록." 하우케의 반지 끼는 손가락을 잡고서 노인이 말했다. "그런데 사람들이 일반적으로 하는 만큼은 두껍지 않게요." 하우케가 말했다. "내 새끼손가락을 대신 재어 주세요!" 그리고 노인에게 손가락을 내밀었다.

금 세공인은 상당히 놀라서 그를 쳐다보았다. 이 시골 청년의 꿍꿍이가 무엇인지 헤아린 것일까! "처녀의 반지 가운데서 뭔가를 찾아보아요." 그가 말했고 하우케의 얼굴이 붉어졌다. 그러나 작은 금반지가 그의 새끼손가락에 맞았다. 그는 그것을 서둘러서 받아 들고 번쩍이는 은화를 가지고 대금을 치렀다. 그의 심장은 두근거렸고 그는 반지를 마치 엄숙한 행동을 하는 것처럼 조끼 주머니에 넣었다. 그 이후로 그는 항상 그것을 자랑스럽지만 여전히 걱정스레 넣고 다녔으며 조끼 주머니는 마치 반지를 운반하는 목적으로만 거기 있는 것 같았다.

그는 반지를 일 년이 넘게 주머니에 넣고 다녔다. 실제로 그 반지는 나중에 새로운 조끼 주머니에 자리를 잡게 되었지만 그것을 해방시킬 기회는 아직 생기지 않았다. 아마 당장이라도 반지의 주인 앞에 나서보겠다는 생각도 해봤을 것이다. 결국 그의 아버지 역시 그 지역에서 오랫동안 인정받은 터줏대감이었으니까. 그러나 마음을 가라앉히자, 제방감독관이 그의 일꾼을 비웃을 것이라는 점도 깨닫게 되었다. 그리고 그와 제방감독관의 딸은 그렇게 나란히 계속 살았다 그녀 역시 숙녀답게 침묵하긴 했지만, 두 사람은 마치 항상 손을 맞잡고 걸어가고 있다는 느낌이었다.

겨울 페스티벌 일 년 후에 오레 페테르스는 고용살이에서 떠났고 폴리나 하르데르스와 결혼했다. 하우케의 말이 맞았다. 나이든 하르데르스는 은퇴했으며 이제 그의 풍만한 딸 대신에 원기 왕성한 사위가 갈색 말을 타고 들로 나다녔다. 사람들 말대로라면 돌아오는 길에는 항상 제방 쪽으로 해서 온다고 했다. 하우케는 이제 수석 일꾼이 되었고 다른 젊은이가 그의 이전 위치를 차지하였다. 처음에는 제방감독관이 그를 승진 시키고 싶어 하지 않았다. "그는 차석일꾼이 더 나아. 여기 책을 볼 때 나는 그가 필요해" 그는 투덜대었다. 그러나 엘케가 항의했다. "그러면 하우케도 역시 떠날 것이에요, 아버지!" 그 말을 들은 후에 노인은 빨리 사정을 파악하게 되었고 하우케는 이전처럼 제방감독관의 직무를 계속 도왔지만 수석으로 승진되었다.

일 년이 더 지나고 난 후에 그는 엘케에게 자신의 아버지가 걱정된다는 말을 하기 시작했다. 그리고 그의 주인이 아버지를 위하여 일하도록 허락한 여름 이삼일은 이제 더 이상 충분치 못했다. 노인에게는 일이 단조롭고 고되었다. 그는 더 이상 이것저것 살펴보는 일을 할수 없다고 말했다. 여름의 어느 저녁이었다. 땅거미가 질 무렵 두 사람은 대문 앞에 있는 거대한 물푸레나무 아래 서 있었다. 그 처녀는 잠시 동안 침묵하면서 나뭇가지를 쳐다보았다. 그리고 그녀는 대답했다.

"나는 말 못하겠어요 , 하우케. 당신 자신이 확실히 올바른 결정을 할 것이라 생각해요."

"그러면 나는 당신 집을 떠나야만 해요. 다시 돌아올 수 없을 것이오." 그가 말했다.

두 사람 다 한동안 말이 없었고 제방 아래로 지는 붉은 해를 들여다보았다. "당신은 이제 이것을 알아야만 해요." 그녀가 말했다. "나는 오늘 아침에 당신 아버지를 방문했고 그가 안락의자에서 잠이든 것을 발견했어요. 손에는 제도용 펜, 탁자 위 앞에는 반쯤 완성된 도면이 제도판에 있었어요. 그러자 그는 깨어나서 십오 분 가량 애써서 나와 말을 했어요. 그리고 내가 떠나려고 하자, 손을 잡고 말렸어요. 그렇게 소심하게. 마치 그것이 마지막일까 봐 두려운 듯이. 그러나……"

"그러나 무엇이라고, 엘케?" 그녀가 계속 말하려는 것을 망설이자 하우케가 재촉하였다.

두서너 방울의 눈물이 처녀의 뺨에 흘러 내렸다. "나는 다만 나 자신의 아버지만 생각하고 있었어요." 그녀가 말했다. "실은 당신을 가도록 허락하는 일은 아버지에게는 어려울 것이에요." 그리고 그녀 자신이 계속 말을 하는 데는 용기를 불러일으켜야만 하는 것 같았다. 그녀는 덧붙였다.

"그가 임종을 준비하고 있다는 느낌이 종종 들어요."

하우케는 아무 대답도 하지 않았다. 갑자기 그에게 마치 반지가 주머니 안에서 움직인다는 느낌이 왔다. 그러나 그가 무심결에 활기를 느껴서, 곤혹감을 억누르기 바로 전에 엘케는 계속했다.

"아니에요. 화내지 말아요, 하우케! 나는 당신이 무슨 일이 생겨도 우리를 떠나지 않으리라고 확신해요!"

그는 그녀의 손을 격렬하게 잡았고 그녀는 손을 뿌리치지 않았다. 두 젊은 사람은 잠깐 동안 어둠 속에 함께 서 있었다. 그 다음에 그들의 손은 따로 미끄러졌고 그들은 각자 갈 길을 갔다. 돌풍이 일어나서 물푸레나무의 잎 사이로 몰아치자 집 정문의 덧문이 덜컥 대었다. 그러나 점차 밤이 내려 깔리며 정적이 끝없는 평야 위에 펼쳐졌다.

*

제방감독관에게 하우케가 제때에 사직을 통보하지 않았지만, 엘케의 도움으로 대신 맡아하던 제방감독관의 일에서 벗어났다. 그리고 두 사람의 새로운 고용인이 이제 감독관의 집에 있었다. 이삼 개월 지난 후 테테 하이엔이 죽었다. 죽기 전에 그는 아들을 침대 곁으로 불렀다. "내 옆에 앉아라, 아들아!" 노인은 가느다란 소리로 말했다. "가까이 와! 두려워할 필요가 없어. 내 곁에 있는 자는 나를 호출하러 온 주님의 검은 천사란다."

섬뜩해진 하우케는 어두운 침대 가까이 가서 앉았다. "하실 말씀이 있으면 하세요, 아버지!"

노인은 팔을 이불 위로 내밀면서 속삭였다. "네가 제방감독관의 집에서 일을 시작했을 때는 아직 소년이었을 따름이야. 어느 날엔가는 네 자신이 제방감독관이 되리라는 생각을 했었지. 나는 그 생각에 사로잡혔고 네가 그 직무에 적절한 사람이라고 나 역시 생각하기 시작했어. 그러나 너의 상속재산은 그 지위에는 너무 보잘것없어. 나는 네가 고용살이를 하는 동안 그것을 불릴 생각을 하면서 검소하게 살았다."

하우케는 아버지의 손을 세차게 꽉 잡았다. 노인은 그를 보기 위하여 일어나 앉으려고 했다. "그래, 애야! 서류는 저기 귀중품 상자 제일 위 서랍에 있다. 늙은 안티에 보레르스가 다섯 데마트 반의 밭을 가지고 있는 것을 너도 알지. 그런데 그 여자가 늙고 다리를 절게 되어서 소작료만으로는 살 수가 없게 되었어. 그래서 매년 성(聖) 마르틴의 축일에 그 불쌍한 여자에게 일정한 액수의 돈을 주었어. 내가 돈을 가지고 있을 때는 더 많이. 그리고 그 대신에 그 땅을 내게 양도했다. 그것은 모두 합법적으로 처리 되었어. 이제 그 여자도 역시 임종의 자리에 있어. 늪지의 병과 암이 그녀를 붙들고 있는 거야. 너는 그 여자에게 더 이상 돈을 지불할 필요가 없다!"

그는 잠깐 동안 눈을 감은 다음에 계속하였다. "많지는 않아. 그러나 네가 나와 같이 여기 있을 적에 가졌던 것보다는 더 많아. 그 돈이 속세의 삶에 네게 도움이 되기를 원해!'

그리고 하우케가 감사의 말을 하는 동안 그는 잠이 들었다. 그가 더 해야 할 일은 남아 있지 않았다. 며칠 후에 주님의 검은 천사가 노인의 눈을 영원히 감게 하였다. 그리고 하우케는 유산을 물려받았다.

발인 바로 다음 날 엘케가 집으로 왔다. "들려주어서 고마워, 엘케" 인사로 하우케가 말했다.

"나는 둘러보러 온 게 아니야. 네가 정돈된 집에서 살 수 있도록 말끔하게 치워주려는 거야. 너의 아버지는 집을 건사하는데 애쓰기보다는 계산하고 제도하시느라 너무 바쁘셨어. 그리고 죽음도 역시 혼란을 불러 왔을 거야. 나는 너를 위하여 집에 약간의 활기를 다시 불러 오고 싶어."

그는 잿빛의, 신뢰하는 눈으로 그녀를 쳐다보았다. "그래, 말끔하게 치워 줘. 나도 집이 그렇게 되면 좋겠어." 그가 말했다.

그런 다음 그녀는 집을 정돈하기 시작했다. 그곳에 여전히 있는 제도판은 먼지를 털어 깨끗이 해서 다락으로 올려 보냈다 제도용 펜, 연필과 분필은 귀중품상자의 서랍에 조심스럽게 자물쇠를 채워 넣었다. 그 후에 어린 하녀를 불러 와서 그녀의 도움으로 그 방에 있던 가구를 전부 다른 방으로 더 나은 위치로 옮겼다. 그러고 나니 방은 이제 더 크고 밝아졌다. "우리 여자들만이 이런 일을 하는 법을 알아!" 미소를 머금고 엘케가 말했다. 그리고 하우케는 슬픔에도 불구하고 눈에 행복을 담고 지켜보았다. 필요한 곳에는 그가 그들을 함께 도왔다.

황혼이 가까워지는 9월 초였다. 모든 것은 그녀가 그를 위하여 해주고 싶은 대로 됐다. 그녀는 그의 손을 잡고 검은 눈으로 고개를 끄덕였다. "이제 우리 집에서 우리와 저녁을 먹어요. 내가 당신을 데리고 오겠다고 아버지와 약속했어요. 그리고 집에 다시 오면 마음이 훨씬 편안한 기분으로 들어올 수 있을 거예요."

그들이 제방감독관의 넓은 거실에 들어오자 덧문은 벌써 닫혔고 탁자에는 촛불 두 개가 타고 있었다. 노인은 안락의자에서 일어나려고 했으나 무거운 몸이 벌렁 자빠지면서 그는 이전의 고용인을 불렀다. "좋아, 하우케. 네가 옛 친구를 방문하러 오니 좋아. 더 가까이 와, 더 가까이!" 그리고 하우케가 안락의자로 다가가자 노인은 자신의 포동포동한 손으로 그의 손을 잡았다. "원, 자네, 이제 편히 쉬어야지. 우리 모두는 다 죽으니까 그리고 자네 아버지는 가장 훌륭한 분이셨지! 엘케는 가서 구운 고기를 가져와 식탁에 놓아야지. 우리는 잘 먹어서 원기를 돋우어야 해. 할 일이 많아. 하우케! 가을 조사가 가까워 오고 제방의 청구서와 수문 수선비용이 엄청나네요. 서쪽 간척지 제방의 최근 피해는 눈이 핑 돌 지경이야. 그러나 자네 머리는 한참 젊지. 자네는 기특한 젊은이야, 하우케"

장황하게 연설이 끝나고, 노인은 그의 모든 문제를 쏟아 낸 후에 안락의자에 털썩 주저앉아 애타는 마음으로 방문 쪽을 쳐다보았다.

곧 엘케가 고기 접시를 들고 들어 왔다. 하우케는 그의 옆에 서 있었다. "그러면 이제, 앉게" 제방감독관이 말했다. "그리고 시간을 쓸데없이 허비하지 말자고. 차가워지면 이것은 맛이 없어져."

그리고 하우케는 탁자에 앉았다. 엘케 아버지의 일을 분담하는 것은 그에게 완전히 자연스러웠다. 그리고 가을 조사가 돌아 왔고 이삼 개월 더 지났을 때 그는 실제로 그 일의 가장 훌륭한 부분을 해내었다.

*

이야기하는 사람이 말을 멈추고 주위를 둘러보았다. 갈매기의 울음소리가 창문을 통해 들렸다. 그리고 바깥 입구로부터 마치 어떤 사람이 무거운 장화에서 찰흙을 털어 버리는 것 같은 발을 굴러 터는 소리가 들려 왔다.

제방감독관과 그의 대리인들이 문을 향하여 머리를 돌렸다. "뭐야?" 제방감독관이 물었다.

폭풍우용 방수 모자를 쓴 건장한 사람이 방에 들어 왔다. "주인장. 우리 둘이 그것을 보았어요. 한스 니켈스와 내가 말입니다. 그 백마를 탄 사람이 구덩이로 뛰어들었어요!"

"어디에서 당신은 그것을 보았소?" 제방감독관이 물었다.

"물웅덩이라면 그거 하나뿐이잖아요. 하우케 하이엔의 간척지가 시작되는 얀센의 들판에요."

"그것을 한 번만 보았나?"

"단 한 번이었어요. 그것은 그림자 같았어요. 그것이 처음이라고 말하는 것은 아니에요!"

제방감독관은 일어났다. "실례합니다," 그는 나에게 몸을 돌리면서 말했다. "우리들은 나가서 그 소문이 어디로 번지게 될지 살펴봐야겠소." 그런 다음에 그는 그 말을 전한 사람과 함께 밖으로 나갔다. 모인 사람들도 역시 일어나서 그 뒤를 따랐다.

크고 썰렁한 방에 나와 교장선생만 남아 있었다. 이제는 앞에 앉아 있는 손님의 등에 가려졌던 커튼이 없는 창문을 통하여, 폭풍우가 하늘에 검은 구름을 몰고 오는 것이 훤히 보였다. 그 노인은 입가에 우쭐하면서도 연민어린 미소를 띠우면서 아직도 그 자리에 앉아 있었다 "여기가 오늘 너무 텅 비었군요. 제가 당신을 제 방으로 초대해도 될까요? 나는 이 여관에 살아요. 여기 제방의 날씨를 잘 알지요. 두려워할 필요가 없어요."

나는 제안을 감사히 받아 들였다. 왜냐하면 나도 역시 오한이 나려고 했다. 초를 가지고 우리는 계단을 올라 역시 서쪽으로 향한 고미 다락방으로 기어 올라갔다. 창문은 이제 짙은 양모 커튼이 내려져서 보이지 않았다. 책 선반에 나는 꽤 많은 책을 보았으며 그 곁에는 두 명의 옛 교장선생들의 초상이 있었다. 책상 앞에는 큰 안락의자가 놓여 있었다. "편하게 쉬세요." 친절한 주인이 말하고 여전히 빨갛게 타고 있는 작은 난로에 토탄 덩어리 하나를 던졌다. 난로 위에는 주석 주전자가 있었다. "오래 걸리지 않을 걸요. 곧 끓을 거요. 그리고 나면 내가 그로그 술을 한 컵씩 만들지요. 당신을 활기 있게 만들 거요!"

"저는 필요 없어요." 내가 말했다. "당신이 좋아하는 하우케의 생

69

애를 듣게 되면 졸리지 않을 겁니다!"

"그렇게 생각하세요?" 그리고 내가 안락의자에 편안하게 앉은 후에 사려 깊은 눈으로 나를 향하여 머리를 끄덕였다. "자, 그러면 어디까지 이야기 하였지요? 아, 네. 알겠습니다.

하우케는 상속을 받았고 늙은 안티에 보레르스 역시 병으로 사망했어요. 그녀의 땅을 물려받자 하우케의 땅이 늘었지요. 아버지의 죽음 이후 더 정확히는 오히려 아버지의 마지막 말씀을 들은 이후에 무엇인가가 그의 내부에서 자라고 있었어요. 그것의 싹은 그가 소년일 적부터 그의 내부에 지니고 있던 것이었지요. 그는 자신에게 몇 번이고 되풀이 했어요. 새로운 제방감독관을 뽑아야할 시기가 되면 가장 적합한 사람이 바로 자기 자신이라고, 이것을 틀림없이 이해했을 아버지, 마을에서 가장 총명했던 그의 아버지가 이 말을 마치 마지막 선물처럼 그에게 유언으로 남겼던 거죠. 안티에 보레르스의 땅, 그가 그의 아버지에게 은혜를 입은 이 땅은 더 높은 지위로 가는 첫 디딤돌이 되었지요. 물론, 이 땅과 함께 제방감독관은 다른 소유지도 지니고 있음을 증명할 수 있어야만 했지요. 그러나 그의 아버지는 고독했던 몇 년간을 검소하게 살았고, 그가 저축한 것으로 아들은 새로운 재산의 소유주가 되었어요. 그런 능력은 그 역시 갖고 있었죠. 더 많이 갖고 있었죠. 그의 아버지의 힘은 이미 소진되었지만 그는 앞으로 여러 해 동안 가장 어려운 일까지도 성취할 수 있었으니까요! 물론 그가 이런저런 방법으로 재산을 이룰 수 있었지만 그럼에도 불구하고 그의 옛 주인의 일을 보면서 행했던 엄격함과 신랄함 때문에 그는 마을 사람들 중에 친구를 얻지 못했어요. 그리고 그의 오랜 적수인 오레 페테르스는 최근에 상속을 받아 부유한 사람이 되는 중이었습니다. 몇몇 얼굴은 그의 마음의 눈앞에 지나가고 있었고, 그들은 모두 그를 원한을 품고 쳐다보았어요. 그리고 그도 그들을 향한 나쁜 감정에 사로 잡혀서 그들을 잡을 일이 있으면 두 팔을 걷어붙였지요. 왜냐하면 그들 중에서 그만이 홀로 평판이 높기 때문에 그를 직책에서 쫓아내려 했거든요. 이런 생각들은 그를 떠나지 않고 몇 번이고 다시 되돌아왔고 정직과 사랑과 나란히 과도한 야망과 증오가 그의 젊은 마음속에 자라기 시작했어요. 그러나 이 나중의 느낌을 그는 그의 내부 깊숙이 묻어 두어 엘케까지도 알아채지 못했지요.

새해에 결혼식이 거행되었다. 신부는 하이엔의 친척이었고 하우케와 엘케는 둘 다 하객이었다. 실제 가까운 친척의 불참으로 두 사람이 함께 축하연에 앉아 있는 일이 우연히 일어났다. 그들의 얼굴에 휙 스친 미소만이 그들이 느낀 기쁨을 무심코 들어냈다. 그러나 그날 엘케는 말소리와 유리잔 부딪히는 소리 한가운데 무감각하게 앉아 있었다.

"어디 아파?" 하우케가 물었다.

"아니야, 아무것도. 여기 너무 많은 사람들이 있어서 그래."

"그런데 네가 많이 슬퍼 보여!"

그녀는 머리를 흔들고 둘 다 침묵했다.

그녀의 침묵에 질투를 느끼는 듯한 기분이 그를 엄습했고 남의 눈을 피하여 탁자 보의 늘어뜨려진 주름 밑으로 그는 그녀의 손을 잡았다. 그녀의 손은 움칠하지 않고 편안히 그의 손을 꽉 잡았다. 그녀는 아버지의 허약한 모습을 어쩔 수 없이 매일 봐서 자포자기의 기분에 사로잡힌 걸까? 하우케는 그 생각을 마음에 두기 싫었고, 그의 호흡은 이제 주머니에서 금반지를 끄집어 내려할 적에 멈추었다. "이것 계속 끼고 있을래요?" 그녀의 가느다란 약지에 그것을 가만히 끼울 때 떨면서 그는 물었다.

탁자 반대쪽에는 목사 부인이 앉아 있었다. 갑자기 그녀는 포크를 내려놓았고 옆 사람에게 고개를 돌렸다. "저런! 저 처녀의 얼굴이 송장같이 창백해!'

그러나 곧 엘케의 뺨에 혈색이 돌았다.

"기다려 줄 수 있어, 하우케?" 그녀가 조용히 물었다.

빈틈없는 프리즐란트인 젊은이는 잠깐 곰곰이 생각했다. "뭘 말이야?" 그가 물었다.

"네가 잘 알잖아. 내가 그 말을 꼭 할 필요는 없잖아."

"네 말이 맞아. 그래 엘케. 끝이 보이는 한, 나는 오래 기다릴 수 있어!"

"너무 가까워서 걱정이야! 그런 말은 하지 마. 하우케! 당신은 우리 아버지의 죽음을 말하고 있어!" 그녀는 다른 손을 가슴에 얹었다. "그때까지" 그녀가 말했다. "반지를 여기 낄게. 내가 살아 있는 동안 당신은 반지를 돌려받을까 두려워할 필요는 없어!"

그러고는 그들은 미소 지었고 두 사람이 손을 너무 꽉 잡아서 만일 다른 경우였다면 처녀는 틀림없이 울음을 터뜨렸을 것이다.

그동안에 목사 부인은 금실로 무늬를 짠 모자의 레이스 가장자리 아래에 석탄같이 타오르고 있는 엘케의 눈을 끊임없이 관찰했다. 탁자에서 더 커지는 다른 사람들의 대화 때문에 그러나 그 여자는 한 마디도 알아듣지 못했다. 다시 옆 사람에게 고개도 돌리지도 않았다. 왜냐하면 싹을 틔우고 있는 결혼을 방해하는 것은 그 여자의 취미가 아니었다. 그리고 이 경우가 바로 그런 경우이며, 만일 단지 목사인 그녀의 남편 결혼 수수료를 위해서라면 전망은 밝았다.

*

엘케의 예감은 현실이 되었다. 부활절이 지난 어느 아침에 제방감독관 테데 볼케르츠는 침대에서 죽은 채 발견되었다. 그의 죽음이 평화로웠음은 얼굴에 뚜렷이 나타나 있었다. 마지막 두세 달 동안 그는 사는 것에 지쳤다고 불평을 했고 그가 좋아했던 로스트 비프와 오리 요리까지도 더 이상 그의 흥미를 끌지 못했다.

그리고 이제 마을에는 거대한 장례의식이 거행되었다. 고지의 교회 옆에 자리한 묘지의 서쪽 면에 철로 세공한 울타리가 있는 무덤이었다. 가지를 늘어뜨린 물푸레나무가 마주보이는 곳에는 푸른빛이 도는 널찍한 회색 묘비가 서 있었다. 그 위에 악골이 있으며 이빨이 심하게 들쭉날쭉해 보이는 죽음의 형상이 새겨져 있었다. 그 아래 대문자로 다음 비문이 적혔다.

여기 죽음이 있네, 활발한 동작도 모두 끝나고,

예술도 의술도 모두 가지고 떠나네.

영리한 사람은 이제 사라지고

신이여, 그가 축복받은 자 가운데 사는 것을 허락하소서.

이곳은 이전 제방감독관 폴케르트 테드젠의 매장 장소였다. 이제 새 무덤이 파지고 그 자리에 그의 아들, 고인이 된 제방감독관 테데 볼케르츠가 영면하려고 묻힐 것이다. 지금, 벌써 교구의 모든 마을로부터 온 사륜차들로 이루어진 장례 행렬이 가까이 오고 있었다. 무거운 관이 제일 앞의 사륜차에 놓였고 제방감독관의 마구간에서 빛나는 말 두 필이 고지까지 모래투성이의 길 위를 가고 있었다. 말들의 꼬리와 갈기는 매서운 봄날의 바람에 펄럭였다. 교회를 둘러 싼 매장지는 많은 사람들로 둘러 싸였다. 돌로 된 통로까지도 어린아이를 팔에 안은 소년들이 매장 과정을 보려는 일념으로 앉아 있었다.

소택지 아래 있는 집에서 엘케는 거실과 리셉션 룸에 장례식 연회를 준비했다. 식탁 준비를 할 때 오래된 포도주도 갖다 놓았고, 역시 이 날 모습을 나타내지 않을 사람이 아닌 총제방감독관의 자리와, 목사님을 위한 자리에 특별한 제조연도의 포도주를 각각 한 병씩 놓았다. 모든 준비가 끝나자 그녀는 누구와도 마주치지 않고 마구간을 통하여 안마당 문 밖으로 나갔다. 농장 일꾼들은 사륜차 두 대에 나눠 타고 장례행렬에 참가하고 있었다. 그녀는 봄날의 미풍에 흔들리는 상복을 입고 서서 마을 저쪽의 교회까지 바싹 다가가고 있는 마지막 차량을 보았다. 한동안 그곳이 부산스러워 보이더니, 이어 쥐 죽은 듯 조용해졌다. 엘케는 두 손을 모았다. 이제 사람들이 관을 땅 속으로 내려놓고 있었다. "그리고 흙으로 돌아가리라!" 무의식적으로 그녀는 조용히 이 말을 되풀이 했다. 마치 멀리서도 그 말을 들을 수 있는 것처럼. 그러자 그녀의 눈엔 눈물이 글썽거렸다.

가슴에 모으고 있던 두 손은 무릎에 떨어졌다. "하늘에 계시는 우리 아버지시여!" 그녀는 열심히 기도했다. 그리고 주기도문이 끝나자 오래 오래 미동하지 않고 서 있었다. 그녀는 이제 이 거대한 소택지 농장의 여주인이었다. 그리고 삶과 죽음에 대한 생각들이 그녀 내부에서 싸우기 시작했다.

멀리서 달그락 거리는 소리가 그녀를 묵상에서 깨어나게 했다. 눈을 뜨자 다시 한 번 더 사륜차가 잇따라 아래로 움직이면서 그녀의 집으로 가까워지고 있는 것이 보였다. 그녀는 똑바로 서서 그 장면을 다시 한 번 더 날카롭게 뚫어지게 보았다. 그리고 올 때와 마찬가지로 마구간을 거쳐 연회 준비를 갖춰놓은 집 안으로 돌아갔다. 여기서도 역시 아무도 보이지 않았다. 부엌에서 일하고 있는 하녀들의 소리만 벽을 통하여 들을 수 있었다. 연회용 탁자는 조용히 그리고 쓸쓸히 서 있었다. 창문과 창문 사이에 걸린 큰 거울은 흰 천[5]으로 덮여 있었다. 난로 위의 놋쇠 손잡이도 역시 싸여 있고 방에 번쩍이는 것은 하나도 없었다. 엘케는 아버지가 마지막 잠을 잔 콘솔 침대의 문이 열려 있는 것을 보았다. 그녀는 침대로 가서 문을 단단히 닫았다. 그녀

___

5. 죽은 사람이 생긴 집에서는 거울이나 다른 반사하는 표면을 흰 천으로 덮었던 관습을 묘사하고 있다.

는 문 위에 금색 글자로 장미와 카네이션 사이에 적힌 격언을 읽었다.

하루 일을 제대로 하면
절로 잠이 오는 법

저것은 할아버지 때부터 있던 것이다. 그녀는 찬장 쪽을 흘깃 쳐다보았다. 거의 비어 있었지만 유리문을 통하여 세련된 술잔 하나를 볼 수 있었다. 그것은 아버지가 즐겨 말씀하셨듯이, 언젠가 젊은 시절에, 고리에 창을 던져 넣는 경기에서 그가 상으로 받은 것이었다. 그녀는 그 술잔을 꺼내어 총제방감독관의 식기 옆에 놓았다. 그리고는 창가로 걸어갔다. 왜냐하면 그녀는 벌써 언덕을 올라오고 있는 사륜차의 소리를 들을 수 있었기 때문이다. 잇따라서 그들은 집 앞에 멈추었고 손님들이 이제 좌석에서 땅으로 뛰어내리고 있었다. 그들은 처음 왔을 때보다 더 마음이 밝아져 있었다. 담화를 나누고 손을 비비면서 방으로 몰려들었다. 잠시후에 그들은 연회용 탁자에 앉았다. 탁자 위에 바로 잘 준비된 음식에서는 김이 모락모락 올라오고 있었다. 총제방감독관은 목사와 함께 응접실에 앉았다. 시끄러운 대화소리가 탁자를 떠들썩하게 했다. 마치 죽음이 이 집에 한 번도 무서운 정적을 던지지 않은 것 같았다. 하녀를 대동하고 말 없이 손님들에게 단지 눈으로만 목례를 하며 엘케는 연회의 모든 것이 제대로 되었는지를 확인하기 위하여서 탁자를 순회했다. 그리고 하우케 하이엔도 거실에서 오레 페테르스와 몇몇 다른 소지주들 옆에 앉아 있었다.

식사가 끝나자 하얀 점토제 담배파이프를 꺼내와 불을 붙였다. 그리고 엘케는 손님들에게 커피를 제공하느라 다시 바빴다. 이 날 커피역시 아끼지 않았다. 거실에 총제방감독관이 목사와 머리가 하얀 제방 에이전트 예뻐 만네르스와 대화를 하면서 고인이 된 제방감독관의 책상 앞에서 총제방감독관이 말했다. "모든 일이 잘 치러졌습니다, 여러분. 우리는 돌아가신 제방감독관을 예를 다하여 장례를 치렀습니다. 그러나 우리는 어디서 새 제방 관리인을 구할 수 있을 것인지? 내가 생각하기에 만네르스 당신이 이 직분을 떠맡아야 할 성 싶소!"

그 노인이 미소를 지으면서 하얀 머리에서 검은 공단으로 만든 모자를 벗었다. "총감독관님" 그가 말했다. "얼마 오래하지는 못할 것같습니다. 죽은 테데 볼케르츠가 제방감독관이 되었을 때 나는 제방에이전트였고 이제 40년이 되었습니다!"

"만네르스, 그러니 제격이지요. 당신은 이 일을 그만큼 더 많이 알고 있고 그 일에 대한 어떤 어려움도 없을 것이오."

그러나 노인은 머리를 흔들었다. "아니오, 아니오, 각하, 절 지금이대로 놔 주세요. 지금 있는 자리에서 한 이삼 년 더 일을 계속할 테니까요."

목사가 거들었다. "실제 지난 몇 년 동안 이 직무를 수행해 왔던 사람을 왜 임명하지 않으십니까?"

총제방감독관이 그를 쳐다보았다. "무슨 말씀인지 모르겠구려. 목사!"

그러자 목사가 손가락으로 응접실을 가리켰다. 하우케는 그곳에서 진지한 태도로 나이든 두 명의 노인에게 무언가를 설명하고 있는 듯 했다. "저곳에 그가 있어요." 그가 말했다. "야윈 코와 넓은 이마에 예리한 회색 눈을 가진 저 키 큰 프리즐란트 인물 말이오! 그는 노인의 고용인이었으며 이제 자신의 작은 자작 농지를 가지고 있어요. 그가 좀 어리다는 점은 내가 인정합니다!"

"그는 대략 삼십 대로 보입니다." 총제방감독관이 하우케를 평가하면서 말했다.

"그는 겨우 스물넷이 되었습니다." 만네르스가 언급했다. "그러나 목사의 의견은 상당히 옳아요. 제방, 수문 등등 제방감독관의 이름으로 제출된 모든 좋은 제안은 그의 것입니다. 노인은 마지막에는 대단치가 않았어요."

"그랬군요. 그랬어요." 총제방감독관이 말했다. "그리고 당신도 옛 주인의 직무를 이어 받을 적임자가 저 사람이라고 생각하지요?"

"그가 확실히 적임자일 것입니다." 예베 만네르스가 대답했다. "그러나 그는 여기 사람들이 말하는 '복종하는 성품'은 가지고 있지 않습니다. 그의 아버지가 대략 16데마트의 땅을 가졌고 그 자신은 아마 20데마트의 땅을 가지고 있을 것입니다. 그리고 지금까지 어느 누구도 그 정도를 가지고 제방감독관이 된 사람은 없어요."

목사가 뭔가 반박을 하려는 것처럼 입을 열었을 때, 이미 한참 동안 그 방에 와 있었던 엘케 볼케르츠는 갑자기 그들 앞으로 걸어 나왔다. "각하께서 제가 한마디 하도록 허락해 주실 수 있으신지요?" 그녀는 총 감독관에게 말했다. "실수로 부당한 일이 생길까 해서 입니다."

"엘케양, 예쁜 처녀의 입에서 나오는 지혜는 항상 들을 가치가 있다고들 해요!" 그가 대답했다.

"이것은 지혜가 아니에요. 각하, 저는 단지 사실을 말하고 싶습니다!"

"그것도 역시 들어야겠소, 엘케양!"

처녀는 들어선 안 될 귀는 없는지 확인이라도 하듯, 검은 눈으로 한 번 더 주위를 살펴보았다. "각하" 그녀의 가슴은 감정으로 요동치면서 그녀가 시작했다.

"저의 대부이신 예베 만네르스가 당신에게 하우케 하이엔이 단지 20데마트의 땅을 가졌다고 말했습니다. 이 시점에서 그 말은 사실입니다. 그러나 필요한 만큼 빨리 하우케는 그 자신의 것에다가 이 농장, 나의 아버지의 농장이었지만, 이제 내 것인 농장만큼의 땅을 더 가지게 됩니다. 합치면 제방감독관으로 충분할 것입니다."

늙은 만네르스는 대체 저 말을 하는 사람이 누군지 자신이 꼭 봐야 한다는 듯 그의 흰 머리를 그녀에게로 향했다. "뭐라고?" 그가 물었다. "애야, 지금 뭐라고 했니?"

그러나 엘케는 그의 코르셋에서 검은 리본에 달린 반짝이는 금반지를 끄집어내었다. "만네르스 대부님, 저는 결혼하려고 약혼했어요." 그녀가 말했다. "여기 반지가 있어요, 그리고 하우케 하이엔은 제 약혼자예요."

"그리고 이제 내가 네게 대부의 입장으로 확실히 질문할 권리를 가졌는데, 엘케 볼케르츠 언제 약혼을 했지?"

"그것은 아주 오래 전이에요. 그리고 저는 성년이 되었어요. 만네르스 대부님" 그녀가 대답했다. 제 아버지는 그 당시 이미 건강이 약해졌습니다. 그리고 아버지를 아시잖아요. 저는 이 문제로 아버지를 더 이상 괴롭히고 싶지 않았습니다. 이제 아버지가 하늘나라에 계시니 아버지의 딸이 이 사람의 손에서 안전하다는 것을 아시게 될 것입니다. 저는 이 일을 탈상을 하는 해까지 입을 다물고 있어야 했을 테지만 이제 하우케와 간척지를 위하여 제가 말을 해야겠습니다." 그 다음에 총제방감독관을 향하여 덧붙였다. "각하가 저를 용서해 주시기를 바랍니다."

세 사람은 서로를 쳐다보았다. 목사가 웃었다. 늙은 만네르스는 만족해했다. 반면에 총제방감독관은 마치 주요한 결정을 해야 하는 것처럼 이마를 문질렀다. "그래요, 사랑스런 아가씨" 그가 드디어 말을 했다. "그러나 여기 간척지의 재산권은 어떻게 되나요? 내가 이러한 복잡한 일을 잘 알고 있지 못하다는 것을 바로 고백해야겠네요!"

"전혀 그러실 필요가 없으세요, 각하" 제방감독관의 딸이 대답했다. "제가 결혼하기 전에 그 재산을 약혼자에게 양도 하려고 합니다. 저도 저에 대하여 약간의 자존심이 있어요." 미소를 띠우면서 그녀가 덧붙였다. "저는 이 마을에서 제일 부자랑 결혼하기를 원해요!"

"좋아요, 만네르스" 목사가 언급했다. "내가 젊은 신제방감독관과 구제방감독관의 딸을 결혼으로 맺어 줄 때, 당신도 역시 대부로서 아무런 이의가 없으리라 생각합니다!"

그 노인은 부드럽게 머리를 끄덕였다. "그리고 주님의 축복이 그들에게 함께하기를!" 그는 간절히 말하였다.

그러자 총제방감독관은 처녀에게 손을 내밀었다. "현명하고 진실되게 말했어요. 엘케 볼케르츠. 충분히 근거가 있는 발언에 감사하고 그리고 또 미래에 오늘보다 더 행복하고 경사스러울 때 손님이 되기를 희망할게요. 그런데 한 남자가 이런 젊은 처녀에 의하여 제방감독관이 되었다는 것이 그것이 이 문제의 놀라운 부분이지요!"

"각하" 엘케가 친절한 총제방감독관을 한 번 더 진지한 눈으로 쳐다보면서 대답했다. "제대로 된 남자라면 여자도 도와야죠!" 그런 다음 그녀는 인접한 응접실로 들어가서 한마디 말도 없이 하우케 하이엔의 손에 그녀의 손을 올려놓았다.

*

몇 년이 흘러갔다. 건장한 일꾼이 그의 아내와 어린애와 함께 테데 하이엔의 작은 집에서 살았다. 젊은 제방감독관 하우케 하이엔은 부인 엘케 볼케르츠와 함께 그녀 아버지의 농장 주인이 되었다. 여름에는 거대한 물푸레나무가 집 앞에서 예전처럼 살랑거렸다. 그러나 이제 나무 아래 있는 벤치에는 젊은 부인이 대개 손에는 가사일이나 다른 것을 들고 혼자 있었다. 이 부부에게는 아직 아이가 없었다. 그러나 그녀의 남편은 저녁이면 문 앞에 앉아 있기보다는 다른 일을 했다. 왜냐하면 이전에 그가 했던 여러 도움에도 불구하고 여전히 사무실에는 이전 노인의 시기까지 거슬러 올라가는 미완성의 일이 많았고, 당시로서는 그도 손대지 않은 것이 좋을 듯했던 일들이었지만 이제는 점차적으로 모두 처리해야 했다. 그는 단호하게 처리했다. 게다가 재산이 추가됨에 따라 늘어난 농장도 경영해야 했다. 농장 일에 있어서는 하인을 줄이고 싶어 했다. 그래서 교회에 참석하는 일요일을 제외하고 남편과 아내는, 대개 하우케 때문에 얼른 끝내고 마는 점심과 해가 뜰 때와 해질 녘에만 서로를 보았다. 그들의 생활은 만족스럽지만 계속되는 일로 이루어진 생활이었다.

그때 악의 있는 농담이 퍼졌다. 어느 일요일에 소택지와 고지 마을의 젊은 토지소유자들이 교회에 갔고 더 제멋대로 구는 사람들이 여관에서 술을 마시고 있었다. 네 번짼가 다섯 번째 잔을 마신 후에 이야기는 왕과 정부가 아니라 그들은 그렇게 분별없지는 않아서, 지방과 나이든 공무원에게로, 무엇보다도 자치제의 세금과 징세로 방향을 바꾸었다. 그리고 그들이 말을 오래할수록 찬성은 줄었다. 특히 지방세가 그랬다. 평소에는 잘 유지되고 있는 모든 수로와 갑문이 이제 수리가 필요하다든지. 제방에는 손수레 수백 대 분량의 흙이 필요한 새로운 장소가 발견되었다든지 하는 문제에서 그랬다. 이 따위 사업은 없어졌으면 하는 생각이 여러 사람에게 들었다.

"당신들의 영리한 제방감독관께서 저기 오시네!" 고지에서 온 사람들 중 한 명이 고함을 질렀다. "항상 곰곰이 생각하면서 주위를 걷고 관심이 없는 곳이 없지!"

"그래 맞아, 마르텐" 말하는 사람의 반대편에 앉아 있던 오레 페테르스가 말했다 "당신이 옳아요. 그는 교활해요. 항상 총제방감독관에게 아첨을 하지만 우리들은 그의 시중을 들고 있어요!"

"왜 당신들은 그런 일은 저자에게 맡겼던 거요?" 다른 사람이 물었다. "이제 당신들이 대가를 치러야 할 겁니다."

오레 페테르스는 웃었다. "왜, 마르텐 페데르스, 그게 바로 우리네 실정이지. 그러니 그 일 가지고 뭐라고 말할 건 없어요. 옛날 감독관은 그의 아버지 덕분에 제방감독관이 되었고 젊은 사람은 마누라 덕분에 되었지요." 탁자 주위의 큰 웃음은 금방 들은 말이 공감을 얻고 있음을 보여 주었다.

그러나 그 소견은 공개적으로 식탁에서 이야기되었지만 그곳에만 머물지 않았다. 곧 고지 마을과 아래 소택지 마을에도 퍼졌다. 그리고 그 말은 하우케의 귀에도 들어갔다. 한 번 더 그의 마음의 눈앞에 악의에 찬 얼굴들의 행렬이 지나 갔다. 그리고 그는 이전보다 더 조롱하는 듯한 웃음을 여관 탁자에서 들었다. "야비한 녀석" 그가 소리쳤다. 그는 격분해서 주변을 노려보았다. 꼭 그들을 한대 후려칠 것만 같았다.

그때 엘케가 그의 팔을 잡았다. "내버려 두어요" 그녀가 말했다. "모든 사람이 당신처럼 되고 싶어 해요!"

"그것이 바로 요점이요!" 그가 투덜대면서 말했다.

"그리고" 그녀는 계속했다. "오레 페테르스 스스로도 재산과 결혼하지 않았어요?"

"그래, 그랬지. 엘케. 그러나 그가 폴리나와 결혼해서 얻은 것은 그를 제방감독관을 만들 만큼 충분하지 못했어!"

"오히려 그가 충분히 훌륭하지 못하다고 말해요!" 엘케는 남편이 거울에 비친 자신을 억지로 보게 하기 위하여 남편을 반대 방향으로 끌어 당겼다. 왜냐하면 그들은 방의 창문 사이에 서 있었기 때문이다. "저기에 제방감독관이 서 있어요!" 그녀가 말했다. "그를 보세요! 그 임무를 수행할 수 있는 사람만이 그 자리를 차지 할 수 있어요!"

"당신이 말이 맞아요," 그는 생각에 잠겨 대답했다 "그리고 아직도…… 저, 엘케, 나는 동쪽 수문에 가지 않으면 안 돼. 문들이 다시 닫히지 않아!"

그녀는 그의 손을 꽉 쥐었다. "자, 나를 봐요! 무슨 일이에요? 당신의 눈이 아주 멀리 있어요."

"아무것도 아니요, 엘케, 당신이 옳아."

그는 가버렸다. 그러나 집을 떠난 지 얼마 되지 않아 수문 수리를 잊어 버렸다. 그가 반쯤 마음에 두고 있었으며 수 년 동안 지니고 다녔지만 일상적인 일의 무게 앞에 완전히 손을 떼고 있었던 어떤 생각이 그를 다시 사로잡았던 것이다. 지금까지보다 더 강하게, 마치 그것이 갑자기 돋아난 날개를 가진 것처럼.

거의 알아채기도 전에 마을의 남쪽 방향으로부터 상당히 떨어진 주 제방에 자신이 서 있는 것을 발견했다. 제방의 이쪽 끝에 있는 동네는 그의 시야 왼편에서 훨씬 전에 사라졌다. 쉬지 않고 성큼성큼 걷자 그의 눈은 확실하게 바다를, 광대한 바닷가를 보았다. 그의 옆을 누군가가 지나가고 있다면, 그의 눈 뒤쪽에서 무언가 강렬한 정신적인 활동이 진행되고 있음을 틀림없이 알아챘을 것이다. 드디어 그는 멈추었다. 여기 바닷가는 제방 옆으로 좁고 긴 땅으로 점점 작아졌다. "분명 가능할 거야!" 그가 자신에게 말했다. "재임 7년. 사람들은 더 이상 내가 아내덕분에 제방감독관이 되었다고 말하지 않겠지."

아직도 그는 움직이지 않고 있었다. 그의 눈은 날카롭게 그리고 신중하게 푸른 바닷가를 따라 사방을 둘러보았다. 그리고 그의 앞에 펼쳐진 광활한 땅에 이어 초록의 목초지로 된 좁고 긴 땅에 이르러서 되돌아 걸었다. 그러나 제방 가까이 이 땅을 통해 강한 조류가 급격히 흘러들어 갯벌 전체를 육지와 떼어 놓으면서 간조 시 하나의 섬을 만들고 있었다. 가축과 건초를 실은 짐마차와 달구지가 왕래할 수 있도록 조악한 나무다리가 그 섬으로 연결되어 있었다. 지금 썰물이 빠져나가고 있었으며 9월의 황금빛 태양이 개펄의 좁은 땅 위에서 번쩍이고 있었다. 몇 백 걸음 정도 넓게 그리고 중앙에 깊은 수로가 있고 이 수로를 통하여 바다는 다량의 물을 몰아 보내고 있었다. "저 걸 제방으로 막아야 해" 한동안 이 광경을 관찰 한 후에 하우케가 중얼거렸다. 그 다음에 위를 보고 그의 마음의 눈으로 선을 그렸다. 그가 서 있는 제방으로부터 수로를 가로 질러 끊어진 지역의 가장자리를 따르는 선은 서쪽을 에워싸고 대략 남쪽까지 그리고 다시 되돌아서 수로의 연장 부분을 가로질러 동쪽까지 그리고 그것을 넘어서 제방까지 이어졌다. 그가 바로 그렸던 보이지 않는 선은 새로운 제방, 즉 지금까지 다만 그의 머릿속에서만 존재했던 것이었으나 형태에서도 역시 새로운 제방을 나타내고 있었다.

"그러면 대략 1,000데마트의 간척지가 될 거야." 그는 미소 지으면서 혼자 말했다. "크기가 정확하지는 않지만……"

그러자 다른 계산이 마음에 떠올랐다. 여기 바닷가는 지역사회에 속했다. 개인은 그 지역의 재산의 크기나 다른 합법적인 취득물의 크기에 따라 자기 몫을 갖게 된다. 그는 이제 그가 아버지로부터 받은 것에서 얼마나 분배를 받을지와 엘케의 아버지로부터 받은 것과 그가 결혼 이후에 산 것에서도 얼마나 분배를 받을까를 계산하기 시작했다. 결혼 이후에 산 것은 부분적으로는 미래의 이익이 어두웠고, 부분적으로는 사육한 양들이 증가했기 때문이었다. 이미 그것은 상당한 액수의 땅이었다. 그가 오레 페테르스 몫까지 모두 샀기 때문이었다. 오레는 그의 가장 좋은 숫양이 부분적인 홍수의 범람으로 빠져 죽었을 때 짜증이 나서 이것을 처분했다. 그러나 이상한 재난이었다. 왜냐하면 하우케의 기억으로는 심한 홍수 때에도 그곳의 외곽 지역만 범람했기 때문이다. 얼마나 멋진 옥수수 밭과 목조지가 될까, 새로운 제방으로 둘러싸이면 얼마만한 재산 가치가 있을까. 황홀감이 그의 머리로 올라왔다. 그러나 그는 손톱으로 손바닥을 팠고 억지로 뚜렷하고 조용하게 그의 앞에 놓인 것을 눈을 뜨고 보려 했다. 넓고 둑이 없는 광활한 땅에 다음 이삼 년 동안 어떤 폭우와 홍수가 있을지는 아무도 몰랐다. 그 땅의 가장 먼 경계에는 더러운 양떼가 천천히 헤매고 있을 것이다. 그리고 그에게는 엄청난 노동, 고투와 고생이 될 것이다! 이 모든 것에도 불구하고 그가 제방 아래에서 들판을 가로질러 자기 집으로 가는 길을 향하여 걷고 있을 적에 마치 대단한 보물을 집으로 가져가고 있는 것처럼 느꼈다.

입구에서 엘케가 그를 향하여 왔다. "수문에 뭐가 잘못 되었어요?" 그녀가 물었다.

그는 신비한 미소를 띠우면서 그녀를 바라보았다. "우리는 곧 다른 수문과 갑문 그리고 새로운 제방이 필요하게 될 거야." 그가 대답했다

"이해를 못하겠어요." 그들이 방으로 들어갈 적에, 엘케가 말했다. "무슨 뜻이지요, 하우케?" "나는 우리 농장 반대편에서 시작하여 서쪽으로 계속되는 바닷가의 넓은 지역, 제방으로 에워싸인 안전한 간척지를 원해요. 홍수가 오랫동안 우리를 가만히 놓아두었지만 이제 심한 홍수가 오고 뗏장을 휩쓸어 가버리면 모든 것이 한 번에 파괴될 수 있어요. 수년간의 타성에 젖은 태도가 지금까지 매사 그렇게 진행되도록 버려두었어요!"

그녀는 놀라서 그를 쳐다보았다. "당신은 자신을 나무라는군요!"

"그래, 내가 그러고 있었어, 엘케. 그러나 지금까지만이고, 해야 될 많은 다른 일들이 있어!"

"네, 하우케. 당신은 사실 충분히 일했어요!"

그는 옛 제방감독관의 안락의자에 앉았고 두 손으로 의자 옆을 단단히 잡았다.

"당신은 그럴 용기가 있어요?" 그의 아내가 물었다.

"그 일을 내가 할 거야, 엘케" 서둘러 그가 말했다.

"너무 서두르지 말아요, 하우케, 그 일은 당신을 성공시키거나 파멸하게 할 텐데요. 거의 모든 사람이 당신에게 반대할 것이며, 그들은

당신의 고통과 고생에 대해 감사하지 않을 것이에요."

그가 고개를 끄덕였다. "나도 알아요." 그가 말했다.

"그리고 만일 그것이 실패로 돌아가면," 그녀가 다시 소리 높여 말했다. "내가 어릴 적부터 수로는 막지 못한다고 들었어요. 그러므로 어느 누구도 시도해서는 안 되는 거예요!"

"그것은 일하기 싫어하는 사람의 핑계일 뿐이요!" 하우케가 말했다. "왜 수로를 막을 수 없다는 건데?"

"나는 그건 못 들었어요. 그것은 직선으로 흐르기 때문이에요. 해류가 너무 강해서요." 과거의 기억이 생각나 거의 짓궂은 미소가 그녀의 수심에 찬 얼굴에 번졌다. "내가 어렸을 적에" 그녀가 말했다. "그것에 대하여 농장 노동자들이 하는 말을 한 번 들었어요. 그들의 말로는 만일 댐을 막아야 한다면 어떤 생물을 던져 넣어야 하고 댐 속에 묻어야 한다고 말했어요. 제방을 다른 쪽에 세웠을 때 족히 100년 전은 더 되는데 떠돌아다니는 집시의 아이를 넣어서 댐을 쌓았데요. 그들은 큰 액수의 돈을 주고 어머니에게서 아이를 샀다고 했고요. 그러나 오늘날 자식을 팔 여자는 한 사람도 없어요!"

하우케는 머리를 흔들었다. "그러면 우리한테 아이가 없는 게 다행이군. 그랬으면 그들은 절대적으로 우리들에게서 아이를 요구했을 거요!"

"누가 주기나 한데요!" 그녀는 마치 공포 속에 있는 것처럼 가슴에 팔짱을 끼면서 소리쳤다.

하우케는 미소를 지었다. 그러나 다시 그녀가 물었다. "그럼 그 엄청난 비용은요! 당신은 비용을 생각해 봤어요?"

"그래요, 생각해 봤어요, 엘케. 그것으로부터 우리가 얻게 되는 것은 비용보다 훨씬 더 가치가 있게 될 거요. 옛 제방의 유지를 위한 비용은 역시 새로운 제방에 의하여 대부분의 손실이 메워 질 것이오. 일도 우리가 직접 할 것이요. 우리 지역에는 건장한 말로 이루어진 팀이 팔십 개가 넘고 젊은 일꾼도 부족하지도 않아요. 적어도 당신은 나를 이유 없이 제방감독관으로 만들지는 않았어요, 엘케. 내가 진정한 남자임을 사람들에게 보여주기를 원하오."

그녀는 그를 걱정스럽게 쳐다보면서 그의 앞에서 몸을 구부렸다. 한 숨을 쉬면서 일어났다. "나는 낮일을 계속해야만 해요." 그녀가 천천히 그의 뺨을 쓰다듬으면서 말했다. "그리고 당신은 당신의 일을 해요, 하우케!"

"아멘, 엘케!" 그는 근심스러운 미소를 띠우며 대답했다. "우리들에게는 할 일이 충분해요."

실제로 두 사람에게는 할 일이 충분했다. 그러나 가장 무거운 짐이 이제 남자의 어깨 위에 놓였다. 월요일 오후와 저녁에도 종종 하우케는 숙련된 측량사와 함께 계산과 제도와 스케치에 깊이 열중해서 앉아 있곤 했다. 그가 혼자일 때는 자정이 훨씬 지난 후에도 끝내지 못하고 그저 열심히 일했다. 그럴 때면 그는 발끝으로 살금살금 걸어서 침실로 가곤 했다. 왜냐하면 거실에 있는 콘솔 침대를 하우케는 더 이상 사용하지 않았다. 그리고 그의 부인은 그가 쉬도록 하기 위하여, 자는 체하면서 그를 기다렸으며, 가슴을 두근거리면서 눈을 감고 누워 있었다. 때때로 그는 그녀의 이마에 키스하며, 낮은 소리로 애정 어린 한마디를 건넨 다음 잠자리에 누웠지만 첫닭이 울 때야 잠드는 일이 다반사였다. 겨울 폭풍우가 휘몰아 칠 적에도 그는 손에 종이와 연필을 들고 제방으로 나가서 스케치를 하고 기록을 하며 서 있으면, 맹렬한 돌풍이 그의 머리에서 모자를 홱 벗기고, 길고 약한 머리카락이 상기된 얼굴에 흩날리기도 했다. 나중에 얼음 때문에 방해를 받지 않으면 그는 측연[6]과 장대를 가지고 아직도 확실치 않은 해류의 깊이를 재면서 썰물 때 나타나는 갯벌까지 일꾼과 함께 노를 저어 갔다. 엘케는 자주 그를 생각하면서 몹시 불안해했다. 그러나 집에 돌아와서 그는 아내가 그의 손을 꽉 잡아 주거나 평소에는 차분했던 그녀의 눈에서 눈빛이 흔들릴 경우에야 겨우 그것을 알아차리는 듯했다. "참아요, 엘케." 그의 아내가 그를 조용히 놓아두지 않는 것을 느끼며 그가 말했다. "신청서를 제출하기 전에 우선 내가 직접 확인해야 하잖소!" 그녀는 고개를 끄덕이면서 그를 혼자 있게 두었다. 마을에 있는 총제방감독관을 방문하는 것도 횟수가 줄어들지 않았다. 이 모든 일과 농장 및 들판에서 일을 한 후에 항상 밤늦게까지 연구했다. 다른 사람들과의 교류는 사무적인 일을 제외하고 거의 하지 않게 되었다. 아내와의 관계도 점점 소원해졌다. "요즈음은 형편없는 시기야, 그리고 이런 날이 더 오래 지속되겠지." 엘케는 스스로에게 말을 하면서 일하러 갔다.

---

6. 바다의 깊이를 재는 기구

이제 드디어 햇빛과 봄바람이 모든 곳의 얼음을 깼을 때, 마지막 준비가 끝났다. 더 높은 관청의 추천을 얻기 위하여 총제방감독관에게 제출한 청원서에는 바닷가를 둘러쌀 제방에 관한 제안서가 포함되어 있었다. 공공이익의 증가와, 특히 간척지의 증가와, 정부의 적지 않은 국고의 증가를 위하여 이 새 제방이 필요하며 이삼 년 후면 1,000 데마트의 땅에서 징수되는 세금을 기대할 수 있을 것이라고 깨끗이 기재했다. 현재와 미래의 전체 지역의 수문과 갑문, 그리고 다른 해당 지형의 그림과 스케치가 단단한 봉투에 함께 넣어져 제방감독관의 사무실에서 공증을 받아 봉인을 찍고 밀봉되었다.

"여기 있어, 엘케" 젊은 제방감독관이 말했다. "당신이 축복해줘!"

엘케가 그의 손을 감쌌다. "우리 계속 합심하여 헤쳐 나가요." 그녀가 말했다.

"꼭 그렇게 해요."

심부름꾼이 말을 타고 지원서를 마을에 가지고 갔다.

"당신도 아셨을 겁니다만, 신사양반," 이야기를 중단하고 부드러운 눈으로 친절하게 나를 바라보면서 교장선생이 말했다. "내가 지금까지 설명해 드린 것은 이 간척지에서 거의 40년 동안 수집한 것을 편집한 것입니다. 들어서 알고 있던 사람들이 전했거나, 그들의 손자 그리고 증손자가 말하여준 이야기가 섞여 있어요. 이 이야기의 최종 결과부터 아시게 해 드리자면 그때도 그랬지만, 지금도 만성절 무렵이면 물레가 달그락 거리며 돌기 시작하자마자 갯마을 전체가 이 이야기를 수군댄다는 겁니다.

그 시대에는 제방감독관의 농장으로부터 북쪽으로 대략 오백이나 육백 걸음쯤 떨어진 제방 위에 서면 2,3천 걸음 떨어진 곳에, 개펄과 반대편 해변으로부터 더 먼 곳에 간조 때면 생기는, '예베르스잔트' 또는 '예베르스할리히'라 불리는 작은 섬이 내다 보였다. 당시의 조상들은 이 땅을 양의 목초지로 이용했다. 왜냐하면 섬 위에 풀이 자랐기 때문이다. 지면이 낮은 할리히가 몇 번 바다에 의하여 침수되었기 때문에 이도 오래가지는 못했다. 여름에 그 일이 있자 풀은 시들었고 양의 목초지로 적합하지 않게 되었다. 바닷가에 있었던 갈매기와 다른 새들도 가지 않아서 때때로 물수리 한 마리 이외에 다른 어떤 생물도 이 섬을 찾지 않았다. 그리고 달빛 어린 밤에는 제방 위와 섬을 때로는 엷게 때로는 두텁게 지나가는 안개의 소용돌이 밖에 놀 수 없었다. 달이 동쪽에서 할리히를 비출 적에 익사한 양의 하얗게 빛바랜 뼈 몇 개와 말의 해골을 그곳에서 알아 볼 수 있다고들 했다. 물론 그곳까지 말이 어떻게 갔는지에 관하여는 아무도 납득할 수 없었다.

여기에 어느 날 저녁 무렵, 3월말로 접어들 때쯤 테테 하이엔 집의 날품팔이 하나와 젊은 제방감독관의 농장 일꾼 이벤 욘스가 하루 일을 끝낸 후 바로 이 자리에 미동도 없이 나란히 서서, 희미한 달빛 아래서는 전혀 알아볼 수 없는 할리히를 응시하고 있었다. 뭔가 이상한 것이 그들의 주의를 집중하게 만드는 듯했다. 날품팔이는 손을 주머니에 넣고 떨고 있었다. "가세, 이벤." 그가 말했다. "조짐이 영

나빠. 집으로 가자!"

이벤도 오싹한 전율을 느꼈지만 웃었다. "에이 뭘 그래, 저것은 살아 있는 동물이야, 아주 커다란 것! 도대체 어떤 작자가 젠장 저걸 개펄로 몰아 놓은 거야? 저거 봐?, 이제 우리들을 향하여 목을 내 뻗고 있어! 아니야, 머리를 숙이고 있어. 풀을 뜯어 먹는군! 뜯어 먹을 게 아무것도 없을 텐데! 저게 무엇일까?"

"뭔들 무슨 상관인가?" 다른 사람이 대꾸했다. "잘 자, 이벤, 나랑 가지 않으려면 나는 집으로 갈래."

"그래, 그래, 자네한텐 기다리고 있는 아내와 따뜻한 침대가 있다 이거지! 내 방에는 차가운 3월 공기 이외에는 아무것도 없어!"

"그러면 잘 자!" 날품팔이가 제방을 따라 빨리 걸으면서 소리쳤다. 농장 일꾼은 그가 가는 것을 보려고 두세 번 돌아보았다. 그가 아직도 그 자리에 머문 동안, 괴기한 것을 보고 싶은 욕심에 사로 잡혔다. 그때 거무스레한 땅딸막한 모습이 마을에서부터 그를 향하여 제방을 따라 왔다. 그것은 제방감독관의 하인이었다. 농장 일꾼이 소리쳤다. "어쩐 일이야, 카르스텐?"

"저요?, 아무것도 아니에요." 그 젊은이가 대답했다. "우리 주인께서 당신과 말하고 싶어 하세요. 이벤 욘스!"

농장 일꾼은 한 번 더 할리히를 향하여 시선을 돌렸다. "즉시!" 그가 말했다 "내가 바로 갈게."

"당신이 보고 있는 것이 뭐요?" 젊은이가 물었다.

이벤이 팔을 들고 할리히를 가리켰다. "오—오!" 젊은이가 속삭였다 "말 한 마리가, 하얀 백마 한 마리가 걷고 있어요. 저것은 틀림없이 악마가 타고 온 것일 거예요. 어떻게 살아 있는 말이 예베르스할리히에 닿을 수가 있어요?"

"모르겠어, 카르스텐, 만일 저것이 진짜 말이라면 말이야!"

"그래요, 그래요 이벤, 봐요, 저것은 꼭 말처럼 풀을 뜯어 먹어요. 그러나 누가 저곳까지 말을 타고 갔을까요? 저렇게 큰 것을 싣고 갈 큰 보트는 마을에 없어요! 아마도 양일 걸요. 페터 옴이 말했어요. 달빛에서는 열개의 토탄 더미도 한 마을 전체처럼 보인다고요. 아니요, 보세요! 점프하는 거예요. 틀림없이 말이에요."

두 사람은 한동안 말이 없었다. 그들은 저 건너편에서 눈앞에 걸어 다니는 불분명한 물체만을 말없이 바라보았다. 달은 하늘 높이 솟았고 넓은 바다를 비추고 있었다. 바다는 바로 들어오기 시작한 밀물을 반짝이는 개펄을 가로질러 몰아 보내기 시작했다. 다만 조용한 물소리만 귀에 들렸다. 어떤 동물의 울음소리도 거대한 광활한 공간 너머에는 들리지 않았다. 제방 뒤의 늪지에서도 역시 모든 것은 비어 있었다. 암소와 황소는 모두 마구간에 있었다. 아무것도 움직이지 않았다. 그들이 생각하는 것은 오로지 말, 백마 한 마리가 예베르스할리히에서 움직인다는 것이었다. 농장 일꾼이 침묵을 깨뜨리면서 말했다. "양의 흰 뼈다귀들이 흐릿하게 빛을 내는 것이 분명하게 보이는데!"

"나도." 젊은이가 자신의 목을 길게 빼고 말했다. 그런 다음 갑자기 뭔가가 떠오른 듯 그는 농장 일꾼의 옷소매를 잡아 당겼다. "이벤" 그는 속삭였다. "평소에 저기 있던 말 뼈다귀 말이야, 그거 어디 있지? 그게 안 보이네!"

"내게도 보이지 않아! 이상해." 농장 일꾼이 고함을 질렀다.

"그렇게 이상할 거 없어, 이벤! 어느 날 밤이면 그 뼈다귀들이 일어서서 살아있는 것처럼 행동한다는데, 난 모르겠어."

"그래서?" 이벤이 말했다. "그야 말로 허황된 이야기야!"

"아마 그럴 거야, 이벤." 젊은이가 대답했다.

"그러나 내 생각에 나를 불러 오려고 너를 보냈다고 생각되는데, 자, 우리는 집으로 가자! 저 곳에서 아무런 변화도 없을 거야."

농장 일꾼이 그 청년을 억지로 떼밀 때까지 청년은 몸을 움직이지 않았다. "들어 봐, 카르스텐." 으스스한 할리히가 그들의 등 뒤로 한참 멀어졌을 때 이벤이 말했다. "너야말로 천하의 사내대장부가 아니니. 그래서 내 생각에는 네가 저걸 직접 알아보고 싶을 것 같은데."

"네," 카르스텐이 대답하고는 곧 소름이 끼치는지 몸을 약간 떨었다. "네, 그러고 싶어요, 이벤!"

"그거 진담이야? 자, 그러면" 농장 일꾼이 청년에게 자기의 손을 내민 후에 말했다. "우리 내일 저녁에 보트의 끈을 풀자. 너는 예베르스잔트까지 노를 저어 간다. 그리고 나는 그동안 제방 위에 머물러 있을 거야."

"그래요." 그 청년은 대답했다. "제가 가지요. 제가 채찍을 들고 가겠어요."

"그렇게 해!"

그들은 말없이 주인의 집 아래 도착해서 천천히 집을 향해 높은 언덕까지 걸었다.

　그 다음날 저녁 같은 시간에 농장 일꾼은 마구간 문 앞 큰 돌 위에 앉아 있었다. 청년은 그에게 채찍을 철썩거리며 그에게 다가갔다. "그 휙휙 거리는 소리 한번 괴상하구나!" 이벤이 말을 했다.

　"그래요, 조심 하세요" 청년이 대답했다 "끈에 못까지 끼워 넣고 땋은 거예요!"

　"그러면 이리 와" 그의 동료가 말했다.

　전날 저녁처럼 달은 동쪽하늘에서 밝고 높이 비추고 있었다. 잠시 후에 두 사람은 마치 안개처럼 여겨지는 물속에 누워 있는 예베르스할리히를 보면서 한 번 더 제방에 나갔다. "저게 다시 있네." 이벤이 말했다. "자정이 지난 후에도 나는 여기 있었거든. 그때 저곳에 없었어. 말의 흰 뼈는 변함없이 볼 수 있었어!"

　그 청년은 그의 목을 길게 빼었다. "그것이 지금은 없어, 이벤" 그가 속삭였다.

　"자, 카르스텐, 어때?" 농장 일꾼이 물었다 "너는 여전히 노를 저어 건너가고 싶어서 죽겠어?"

　카르스텐은 잠깐 생각하더니 허공에 대고 채찍을 찰싹 후려쳤다. "보트나 풀어요, 이벤!"

　그러나 건너편에서는 그곳을 돌아다니던 뭔가가 목을 쳐들고 육지 쪽으로 머리를 내미는 듯하더니 더 이상 보이지 않았다. 두 사람은 이미 보트가 정박된 그 지점까지 제방의 측면을 걸어 내려가고 있었다. "자, 타." 이벤이 보트를 풀면서 말했다. "네가 돌아올 때까지 여기 있을게. 너는 보트를 동쪽에 정박해야 해. 사람들은 그곳에서 항상 하선할 수 있어." 그리고 청년은 말을 하지 않고 고개를 끄덕였고 채찍을 집어서 달빛 어린 어둠 속으로 노를 저었다. 농장 일꾼은 제방 아래에서 산책을 했고 두 사람이 전에 서 있던 장소로 다시 올라갔다. 곧 그는 보트가 그곳으로 향하는 넓은 수로가 있는 곳을 따라가다 어둡고 가파른 장소에 닿는 것을 보았고 땅딸막한 사람 모습이 해안에 뛰어 올랐다. 저것은 그 청년이 채찍을 쳐서 나는 소리가 아닐까? 그러나 흐르는 밀물 소리일 수도 있었다. 북쪽으로 몇 백 걸음 떨어진 곳에서 그는 그들이 백마라고 여겼던 것을 보았다. 그리고 지금이 바로 그때! 청년의 모습이 그것을 향하여 똑바로 걸어가고 있었다. 이제 그것은 멈칫하면서 주변을 살피듯 머리를 쳐들었다. 그리고 청년과 일꾼은 그것을 분명하게 들을 수 있었다. 채찍을 치면서 철석 소리를 내고 있었다. 그러나 청년은 무슨 생각을 한 것일까? 그는 갔던 길을 되돌아오고 있었다. 건너편에서는 끝임 없이 뭔가가 풀을 뜯고 있는 것처럼 보였다. 그러나 말 울음 소리는 들리지 않았다. 이따금 하얀 물줄기 같은 것이 그 현장으로 지나가는 것 같았다. 농장 일꾼은 넋을 잃고 건너편을 응시하였다.

그러면서 그는 바로 곁에 있는 해변에 보트가 닿는 소리를 들었다. 그리고 곧 어두운 곳에서 청년이 그를 향하여 제방을 올라오고 있는 것을 보았다. "그래, 카르스텐, 그것이 무엇이었어." 그가 물었다.

그 청년은 머리를 흔들었다. "전혀 아무것도 아니었어요!" 그는 말했다. "보트에서는 잠깐 볼 수 있었어요 그러나 내가 섬에 내렸더니, 젠장, 그 피조물이 어디로 숨은 건지 원. 달은 충분히 밝았어요. 그러나 장소에 도착하자 거기에는 여섯 마리 양의 하얗게 된 뼈와 상당히 떨어진 위치에 길고 하얀 말의 두개골 이외에는 아무것도 없었어요. 그리고 달은 해골의 텅 빈 눈구멍을 비추었어요!"

"흠!" 농장 일꾼이 말했다. "너 똑똑히 보았어?"

"네, 이벤. 내가 거기 있었잖아요. 망할 댕기물떼새 한 마리가 해골 뒤에 자려고 움츠렸다가 날카로운 쇳소리를 내면서 날아 올라 가는 바람에 내가 놀라서 두서너 번 찰싹 소리를 낼 정도로 채찍질했죠."

"그리고 그게 다야?"

"그래요, 이벤, 그것이 내가 본 전부에요."

"그것으로 충분해" 농장 일꾼이 말했다 그리고 그는 청년의 팔을 잡고 자기 쪽으로 끌어당기고 할리히를 가리켰다. "저기 뭔가가 보여, 카르스텐?"

"어유 깜짝이야, 그것이 다시 움직여요!"

"다시라고?" 이벤이 말했다. "내내 건네다 보고 있었지만, 저건 결코 사라진 적이 없었어. 그러니까 넌 방금 저 도깨비들한테 갔었던 거야!"

청년은 그를 응시했다. 갑자기 그의 일상적인 건방진 얼굴에 공포가 서렸고 농장 일꾼은 그것을 놓치지 않았다. "이리 와 봐." 그가 말했다 "집으로 가자, 여기서는 살아 있는 것 같아 보이는데, 저기에는,

뼈밖에 없다. 그건 너하고 난 이해할 수 없는 그 이상의 것이야. 그러니 입을 다물어 너는 이 일에 대해서 함부로 지껄여서는 절대 안 돼!"

그렇게 그들은 해변을 떠났다. 그리고 청년은 그의 옆에서 터벅터벅 걸었다. 그들은 아무 말도 하지 않았고, 양쪽의 소택지는 소리 없는 침묵 속에 깃들어 있었다. 그러나 달이 이지러지고 밤이 어두워지자 한 가지 또 다른 일이 벌어졌다.

말 시장이 열리는 날 하우케 하이엔은 별 볼 일이 없었지만 말을 타고 마을로 갔다. 그러나 저녁 무렵 집으로 돌아 갈 때 그는 또 다른 말을 하나 더 데리고 돌아왔다. 그 말은 거친 털로 덮였고 야위었다. 갈빗대 하나하나를 셀 수 있을 정도였고 눈은 흐릿하고 퀭했다. 엘케는 남편을 환영하러 앞 문밖으로 나왔다. "가엾어라!" 그녀가 소리쳤다 "저 늙은 말을 가지고 뭐 하게요?" 하우케가 말을 이끌어서 집까지 타고 올라 와 물푸레나무 아래 섰기 때문에 그녀는 불쌍한 동물이 절룩거리는 것도 보았다.

그러나 젊은 제방감독관은 웃으면서 갈색 말에서 뛰어 내렸다. "걱정 말아요, 엘케, 말 유지비는 많이 들지 않을 거요!"

총명한 아내가 대답했다. "당신은 아주 잘 아시죠. 싼 것이 비지떡이라는 걸요."

"그러나 항상 그런 것은 아니요. 엘케. 저 동물은 많아야 네 살이고 가까이서 봐요! 저 말은 굶주렸고 학대를 받았어요. 귀리를 먹으면 건강해질 거요. 일꾼들이 너무 많이 먹이지 않도록 내가 돌봐 줄 작정이오."

그러는 동안에 말은 머리를 숙이고 긴 갈기를 목옆으로 늘어뜨리고 서 있었다. 그녀의 남편이 농장 일꾼을 부르는 동안에 엘케는 말주변을 빙 돌아가며 그것을 살펴보았다. 그런 다음 그녀는 머리를 흔들었다. "우리 마구간에는 이런 말을 키워 본적이 없어요!"

그 순간에 일꾼이 집 모퉁이를 돌아오다 눈이 공포에 질려 갑자기 섰다. "왜, 카르스텐" 제방감독관이 소리 쳤다. "왜 그리 놀라나? 백마가 맘에 안 들어?"

"아니고, 주인님, 아닙니다. 어째서 제가 싫어하겠어요!"

"자, 말을 마구간에 데리고 가. 내가 곧 갈 테니 아무것도 먹이지 마라."

그 청년은 조심스럽게 백마의 고삐를 잡은 다음 마치 자신을 보호하려는 듯 그에게도 친숙한 다른 말의 고삐를 얼른 잡았다. 하우케와 그의 아내는 거실로 들어갔다. 엘케는 따뜻하게 데운 맥주[7], 빵과 버터를 그를 위하여 준비해 놓고 있었다.

그는 잔뜩 먹고 마셨고 아내와 함께 방에서 이리저리 걷기 시작했다. "엘케 내가 당신에게 이야기할게요." 저녁 햇빛이 벽의 타일을 비치고 있는 동안 그가 말했다 "어떻게 내가 그 말을 손에 넣게 되었는지. 나는 한 시간 내내 총제방감독관과 시간을 보냈어요. 그는 내게 좋은 뉴스를 가지고 있었지요. 내 제안 중 하나와 다른 것 하나는 확실히 바뀌게 되었지만 제일 중요한 일인 종단면도는 채택되었어요.

---

7. 설탕과 향료를 첨가한 따뜻한 맥주

그리고 새 제방을 짓는 순서는 이삼 일 후에 여기로 와 있을 것이요."

엘케는 무의식중에 한 숨을 쉬었다. "그래서 결말이 난 거네요, 그래서요?" 그녀는 걱정스러운 듯 물었다.

"그래요, 여보." 하우케가 대답했다. "아주 어려운 일이 될 것이요, 그것이 바로 주님이 우리를 맺어준 이유라고 믿어요. 우리 농장은 지금 잘 되고 있어요. 당신도 이미 많은 부분을 직접 떠맡을 수 있게 됐어요. 지금부터 십 년 후를 생각해 보아요. 재산은 그때 상당히 달라져 있을 것이요."

그녀는 그가 말을 시작할 때 그녀의 손에 남편의 손을 놓고 용기를 주듯이 꽉 쥐었다. 그러나 그녀는 그의 마지막 말에서 어떤 기쁨도 느끼지 못했다. "재산이라고요. 누구를 위해서요?" 그녀가 말했다. "당신은 다른 여자를 아내로 맞도록 해요. 나는 아이를 낳지 못하잖아요."

그녀는 눈물을 흘렸다. 그는 팔로 그녀를 꼭 껴안았다. "우리는 그 문제를 주님에게 맡기 도록 해요" 그가 말했다. "그러나 지금도 나중에도 우리는 충분히 젊어서 우리가 땀 흘린 결과를 즐길 수 있을 것이요."

그녀는 그가 자신을 끌어안았을 때 검은 눈으로 오래 그를 쳐다보았다. "용서하세요, 하우케. 저는 때때로 자신감이 없어져요."

그는 그녀의 얼굴에 머리를 숙이고 키스했다. "당신은 나의 아내이고 나는 당신의 남편이오, 엘케. 그리고 그것은 항상 그럴 것이오."

그녀는 팔로 그의 목을 단단히 끌어안았다. "당신이 옳아요, 하우케, 무슨 일이 일어나든지 그건 우리 두 사람을 위한 일이에요." 얼굴이 빨개져서 그녀는 그를 놓았다.

"당신은 하얀 말에 관하여 이야기해 주려고 했어요." 그녀는 조용한 목소리로 말했다.

"그래요, 그랬어요. 엘케. 총제방감독관이 내게 알린 좋은 뉴스에 내가 미칠 듯 기뻐했다는 것은 이미 말했어요. 그리고 말을 타고 마을 밖으로 나가자 항구 뒤의 제방 쌓은 곳에서 좀 남루한 사람을 만났어요. 방랑자 혹은 땜장이 혹은 무엇이라고 적당한 말이 생각나지 않네요. 그는 말의 고삐를 잡고 끌어당기고 있었어요. 그런데 그 동물이 머리를 들고 나를 수줍게 쳐다보았어요. 말이 나에게서 뭔가를 청하는 듯한 느낌을 받았어요. 나는 그 순간에 어쨌든 충분히 돈이 있었어요. '어이, 친구. 저 늙은 말을 데리고 어디로 가나?' 내가 물었어요. 그 사람과 말도 함께 멈추었어요. '팔려고요' 그는 내게 목례하면서 교활하게 말했어요.

"나한테만은 아니겠지!" 나는 웃으면서 말했고

"왜 아니죠? 이것은 좋은 말이에요. 백 탈러는 받아야 해요."

나는 그를 맞대놓고 비웃었지요.

그가 말했어요. "그렇게 쌀쌀맞게 웃지 마세요. 그만큼은 안내셔도 됩니다. 나한테는 필요 없는 말이에요. 나랑 있다가 이렇게 상했네요. 당신과 함께라면 말은 금방 모습이 달라질 겁니다!"

나는 거세한 내 말에서 뛰어 내려 백마의 입 속을 들여다보았고 아직도 어리다는 것을 알았어요. "이 말 값으로 얼마나 원하나?" 나는 소리쳤어요. 말이 간절히 원하듯이 나를 바라보고 있었기 때문이었어요.

"나리, 삼십 탈러로 저 말을 가지세요!" 그는 말했어요. "그리고 고삐도 덤으로 드리지요!"

"그러고 나서, 여보, 그 사내가 내민 갈색 손을 잡았어요. 그것은 거의 갈퀴 같습니다. 그리하여 백마는 내가 생각하기로도 역시 충분히 싼 값이에요. 단 하나 이상한 것은 내가 말을 타고 떠나자 누군가가 내 뒤에서 웃는 소리가 들렸어요. 고개를 돌리니 그 스로바키아 집시가 보였어요. 그는 뒷짐을 진채 다리를 쩍 벌리고 서서 내 뒤에서 악마처럼 웃고 있었어요."

"어휴!" 엘케가 소리쳤다. "나는 다만 말이 옛 주인이 지니고 있던 어떤 것도 지니고 있지 않기를 바래요. 말이 잘 자라기를 희망해요, 하우케!"

"말은 잘 자랄 거요. 적어도 내가 해줄 수 있을 때까지는!" 그리고 제방감독관은 일꾼에게 하려고 했던 말을 생각하면서, 마구간으로 들어갔다.

그러나 그는 그날 저녁만 백마에게 먹이를 준 것은 아니었다. 그 다음에도 계속 그랬다. 그의 시야에서 그 동물이 결코 벗어나지 않도록 하면서. 그가 잘 샀다는 것을 보여주고 싶어 했다. 어찌되었든 아무것도 소홀하지 않게 해주었다. 그리고 단지 이삼 주가 지나자 그 동물의 상태가 개선되었다. 거친 털이 차차 없어지고 부드러운, 얼룩진 회색 외피가 나타나기 시작했고 그가 어느 날 안마당 주위를 말을 끌고 가자 말은 튼튼한 다리로 빠르게 걸음을 옮겼다. 하우케는 괴상한 말 상인을 생각했다. '그 작자는 바보거나 말을 훔친 부랑자일 거야.' 혼자 중얼거렸다. 곧, 말은 그의 발소리가 다가오는 것을 들을 때마다 머리를 휙 움직여서 히힝 울면서 그를 맞이하였다. 이제 그도 알 수 있었다. 그 말은 아랍인들이 말에서 기대하는 것인 깡마른 머리를 갖고 있다는 것을. 두 개의 갈색 눈도 불타는 듯 빛나고 있었다. 그는 마구간에서 말을 데리고 나와서 등에 가벼운 안장을 놓았다. 거의 앉자마자 말울음이, 기쁨의 소리 같은 것이 말의 목에서 나왔다. 그리고 그와 함께 언덕에서 길로 그 다음에는 제방으로 멀리 달려 나갔다. 말을 탄 사람은 안정되게 앉아 있었고 그들이 제일 높은 지점에 다다랐을 때 그 말은 춤을 추듯 가볍게, 좀 더 차분하게 걸었으며, 바다로 머리를 돌렸다. 그는 말의 하얀 목덜미를 토닥이고 쓰다듬어 주었다. 그러나 이러한 애정표현은 더 이상 필요치 않았다. 말은 말 탄 사람과 완벽하게 하나가 된 것 같았고 제방을 따라 그들이 북쪽을 향하여 어느 정도 거리를 달려간 후에 그는 말의 방향을 부드럽게 돌렸고 안마당으로 돌아갔다.

농장 일꾼들은 그들의 주인이 돌아오는 것을 기다리면서 오솔길 아래 서 있었다. "자, 이벤!" 그가 말에서 뛰어 내리면서 불렀다. "자네가 말을 타고 목초지 이곳저곳을 달려 봐, 말은 자네를 요람에 있는 것처럼 편안히 데려다 줄 거야!"

백마는 머리를 흔들었고 농장 일꾼이 안장을 벗기고 안장을 놓아두는 방으로 옮겨가는 내내, 히힝 소리가 햇빛이 비치는 늪지까지

들릴 정도로 크게 울었다. 그 다음에 말은 머리를 주인의 어깨에 내려놓고 주인이 자신을 쓰다듬는 것을 만족스럽게 받아들였다. 그러나 농장 일꾼이 말 등에 올라타려고 하자 말은 갑자기 옆으로 뛰어 올랐고 그런 다음 다시 조용히 서 있었다. 아름다운 두 눈을 주인에게 고정한 채로. "오호, 이벤, 말이 자네를 다치게 했나?" 하우케가 외쳤고 그가 설 수 있도록 도와주려 애썼다.

이벤은 엉덩이를 강하게 문질렀다. "아닙니다, 주인님, 다치지 않았어요. 그러나 이 말을 타는 일은 쉬운 일이 아니에요!"

"그러면 내가 해보겠어!" 하우케가 웃으면서 대꾸했다. "그리고 이제 고삐를 잡고 목초지로 데리고 가."

약간 부끄러워하면서 농장 일꾼이 주인의 지시를 따르자, 말은 온순히 끌려갔다.

여러 날이 지난 저녁에 농장 일꾼과 하인이 마구간의 문 앞에 함께 서 있었다. 석양의 붉은 빛이 제방 뒤로 사라졌고 간척지는 이미 황혼이라 어렴풋해졌다. 때때로 멀리서 성난 황소의 음매 소리와 족제비와 물 쥐의 공격을 받고 있거나 다 죽게 된 종다리의 비명소리만이 들렸다. 농장 일꾼은 문기둥에 기대어 파이프 담배를 피우며 서 있었다. 담배연기는 더 이상 보이지 않았다. 하인과 농장 일꾼은 서로에게 한마디도 하지 않았다. 무언가가 청년의 마음을 압박하고 있었지만 그는 과묵한 동료와 어떻게 대화를 시작해야 할지 알 수 없었다. "이벤!" 그가 드디어 말했다. "당신도 알고 있는 예베르스잔트에 있는 말 뼈다귀들 말예요."

"그것이 어째서?" 농장 일꾼이 물었다.

"그래요, 이벤, 어째서냐고요? 그것은 저곳에 이제 없어요. 낮에도 밤에도 없어요. 나는 적어도 스무 번은 가봤을 거예요."

"오래된 뼈다귀들이 다 부서졌나?" 이벤이 말하고 조용히 그의 파이프를 계속 피웠다.

"나는 달밤에도 거기 가봤는데요. 예퍼스잔트에는 아무것도 돌아다니지 않아요.

"그래," 농장 일꾼이 말했다. "뼈다귀들이 다 부서졌다면 말은 다시 일어 날 수가 없겠군!"

"농담 말아요, 이벤! 이젠 알아요. 그것이 어디 있는지 당신에게 말해 줄 수 있어요."

농장 일꾼은 그에게로 갑자기 몸을 돌렸다. "자, 어디에 그것이 있어, 그러면?"

"정말 어딜까요?" 그 청년은 의미심장하게 상대의 말을 그대로 되풀이 말했다. "그것은 우리 마구간에 서 있어요. 할리히에서 더 이상 보이지 않으면서부터 거기 있는 거예요. 주인이 직접 그 말에게 먹이를 주는 것은 이유가 없는 것이 아니에요. 내가 알아요. 이벤," 농장 일꾼은 어둠 속에서 한동안 기운차게 담배 연기를 내 뿜었다. "너는 머리가 대단히 좋지 않아, 카르스텐." 그는 드디어 말했다. "우리의 백마라니? 그때 그 말이 살아있는 놈이었다면야, 그렇겠지. 너 같은 젊은 이가 어떻게 그런 허황한 이야기에 홀딱 빠질 수 있어?"

그러나 그 청년을 납득시킬 수가 없었다. "만일 말에 악마가 씌었다면, 어째서 살지 못하겠어? 반대로 그것은 더 나쁠 거예요!" 그는 여름날 저녁에 다른 동물들과 함께 그 백마가 메어있는 마구간에 들어갈 때마다 공포에 사로잡혀 뒷걸음을 쳤다. 말은 번쩍이는 머리를 그를 향하여 갑자기 돌렸다. "빌어먹을!" 그는 투덜대었다. "우리가 함께 지낼 날도 오래지 않을 거야!"

그리고 그는 조용히 고용살이를 할 새 일자리를 구했고 그만 둔다고 통고했다. 그리고 오레 페테르스의 농장 일꾼으로 일하기 시작했다. 여기서 그는 제방감독관의 못된 말에 관한 그의 이야기를 즐거이 들어 주는 경청자를 찾았다. 오레의 뚱뚱한 부인, 폴리나와 머리가 둔한 아버지인 전 제방 에이전트인 이에스 하르데르스는 오싹함을 즐기면서 그의 말에 귀를 기울였다. 그리고 그 이야기를 제방감독관에게 악의를 품고 있거나 그러한 종류의 이야기에 기쁨을 얻는 누구에게나 떠들어댔다.

그러는 동안 새 제방의 건축을 위한 지시가 삼월 말에 총제방감독관의 사무실을 거쳐 도착했다. 하우케는 제방 에이전트의 회합을 우선 소집했고 모든 사람이 어느 날 교회 옆의 여관에 모였다. 그리고 그가 지금까지 준비했던 서류에서, 지원서와 총제방감독관의 보고, 그리고 무엇보다 제일 먼저 그에 의하여 제안된 제방—측면도의 공식적인 승인을 포함한 마지막 통신문의 주요 항목을 낭독해 주자, 사람들은 그에게 귀를 기울였다. 하우케에 의하면 새 제방은 이전처럼 바다를 향한 경사면이 가파르게 떨어져서는 안 되고 대신 점진적으로 경사져야 했다. 그러나 듣는 사람들의 얼굴에는 기쁨의 표시도 없었고 만족하다는 표시조차도 드러나지 않았다.

"저런, 저런." 나이 든 제방 에이전트가 소리쳤다. "난처한 일이군 요! 그리고 이의 제기는 쓸모없겠죠. 제방감독관은 총제방감독관의 지지를 받고 있으니까요."

"당신이 아주 옳아요, 데틀렙 빈스" 다른 사람이 말했다. "봄철 제 방 수리의 지급 기일이 곧 만기가 될 텐데, 이제 천 마일의 제방을 짓 는 다는 것은 모든 다른 일은 나중까지 방치하게 될 뿐이지요."

"당신들은 올해 수리를 끝낼 수 있습니다." 하우케가 말했다. "새 제방 일은 그 정도로 빨리 시작되지 않을 것입니다."

이 사실을 시인하는 사람들은 거의 없었다. "그러나 당신의 측 면도는 말인데요?" 세 번째 사람이 새로운 주제를 꺼내면서 말했 다. "제방의 바다를 향한 면은 라우렌쯔의 아이[8]의 키보다도 넓어지 겠군! 어디서 우리들은 재료를 가져오지? 언제 작업은 끝나게 될 텐 가요?"

"올해 안 되면 내년이겠죠. 그것은 대부분 우리들 자신에게 달렸 습니다." 하우케가 말했다.

냉혹한 웃음소리가 회의에 모인 사람들 사이에서 흘렀다. "그러나 왜 그렇게 필요 없는 일을 해야 하죠? 새 제방은 구 제방보다 더 높아 서는 절대 안 됩니다." 다른 사람이 소리쳤다. "그리고 내 말은 구 제방 은 지금까지 삼십 년 이상을 버티고 있다는 뜻입니다."

---

8. Laurentius Damm을 뜻하며 이 사람은 1600년경 함부르크에 살았다. 키가 9피트가 넘는 아들을 두었다고 전해진다.

"당신 말이 맞아요." 하우케가 대답했다. "삼십 년 전에 옛 제방이 무너졌어요. 그리고 그보다 삼십오 년 전에. 그리고 다시 그보다 사십오 년 전에도 세워졌죠. 그러나 그때부터 우리는, 구 제방이 아직도 잘못 설계된 채 기울어져 있는데도 가장 심한 홍수에서도 피해를 입지 않았습니다. 그러나 새로운 제방은 큰 홍수에도 몇 백 년 넘게 보존될 것이요. 그것은 무너지지 않을 것입니다. 왜냐하면 바다를 향한 쪽의 부드러운 경사면이 파도와의 충돌을 막아줄 것이기 때문입니다. 그리하여 여러분들은 당신 자신과 당신의 자손들을 위한 안전한 땅을 취득하게 될 것입니다. 이 점이 행정관과 총제방감독관이 나를 지지하는 이유입니다. 그리고 여러분들이 이 점을 자신의 이익을 위한 근거로 삼아야 하는 이유입니다!"

회의에 참석한 회원들이 즉각 대답할 마음이 없음을 드러내자 나이 많은 하얀 머리 남성이 의자에서 일어났다. 엘케의 대부, 예베 만네르스였다. 그는 하우케의 요청으로 제방 에이전트로서 사무실에 계속 남아 있었다. "제방감독관 하우케 하이엔" 그가 말했다. "당신은 우리들로 하여금 많은 걱정과 지출을 하게하는 원인이 되고 있소. 나는 주님이 내게 안식을 주실 때까지 당신이 그 일을 기다려주길 바랬어요. 그러나 당신이 옳아요, 그리고 비합리적인 사람만이 그것을 부정할 수 있어요. 우리는 우리들의 게으름에도 불구하고 폭풍우와 홍수를 막아 저 값진 간척지를 지켜주신 데 대하여 매일매일 하나님께 감사해야만 해요. 그러나 이제 우리가 직접 발 벗고 나서야 할 아마도 열한 번째 종이 울린 것 같습니다. 그 사실을 우리들이 알고 있는 한,

기술이 미치는 한, 우리들은 자신을 보호하여야만 하고 신의 참을성을 더 이상 시험해서는 안 됩니다. 친구들, 나는 노인입니다. 나는 제방이 건설되고 파괴되는 것을 보았습니다. 그러나 하우케 하이엔이 신에게서 받은 재능을 이용하여 고안한 새 제방은 위원회에 의하여 성공적으로 승인을 받았습니다. 당신들 중 누구도 일생 동안 제방이 부서지는 일을 볼 수 없을 것입니다 그리고 당신들이 그에게 직접 감사하고 싶지 않을지라도, 후에 당신의 손자들이 그에게 영예의 화환을 수여하는 것을 허락하지 않을 수 없을 것입니다!"

예베 만네르스는 다시 앉았으며 주머니에서 푸른 손수건을 꺼내어 그의 이마의 땀을 닦았다. 노인은 모든 사람에게 여전히 능력 있으며 더 할 나위 없이 정직한 사람으로 알려져 있었다. 회원들은 그에게 찬성할 마음이 들지 않은 까닭에 계속 조용히 앉아있었다. 그때 하우케 하이엔이 연설하기 시작했다. 그러나 모든 사람들은 그가 창백해진 것을 볼 수 있었다. "예베 만네르스씨" 그가 시작했다. "여기 와주신 것과 말씀해주신 것에 대해 깊이 감사드립니다. 다른 신사분들은 적어도 새 제방의 축조를, 물론 제 소관입니다만, 최소한 이제는 더 이상 변경할 수 없는 일이라 생각해 주시고 이에 꼭 필요한 사항이 무엇인지 결정하도록 합시다."

"말하시오." 위원회의 한 사람이 말했다. 하우케는 탁자에 새 제방의 계획안을 펼쳤다. "어떤 사람이 앞서 물었습니다." 그가 시작했다. "어디에서 우리는 그렇게 많은 분량의 흙을 구할 수 있을까요? 여러분들도 아시다시피 바닷가가 개펄 속으로 멀리 확장되면 제방의 선 너머로 기다란 땅이 남게 됩니다. 우리는 그곳과 갯가에서 흙을 가져 올 수 있습니다. 그 갯가는 새 간척지와 제방을 북쪽으로 이어주니까요. 우리가 바다를 향한 면에서 단단한 진흙층을 가지고 있는 한 안쪽에서나 가운데에서 모래를 사용할 수 있습니다. 우선 바닷가에 새 제방의 도정을 구획할 측량사를 선출해야만 합니다. 나를 도와 계획을 준비했던 사람이 가장 유능하리라 확신합니다. 또 우리들은 진흙이나 다른 재료들을 운반하기 위하여 말 한 마리가 끄는 덤프수레를 만들 달구지 목수를 고용해야 할 것입니다. 물길을 둑으로 막기 위하여 그리고 모래를 가지고 채워야 하는 제방의 내부를 위하여 그리고 제방의 정상을 덮기 위하여 5,6백 바리[9]의 짐이 필요할 것입니다. 저는 아직까지는 얼마나 많을지를 말할 수 없습니다. 아마 우리가 소택지에서 퍼다 쓸 수 있는 양보다 많을 것입니다. 이 모든 재료가 어떤 방법으로 조달되고 무엇을 우선 준비해야 하는지를 함께 생각해 봐야 합니다. 또한 숙련된 목수가 여기 서쪽 면에 새로운 수문을 세우는 일을 책임져야 합니다."

위원회의 회원들이 탁자 주위에 모였다. 그들은 그 계획을 무관심하게 쳐다보았고 곧 말하기 시작했다. 그러나 그것은 그냥 아무 얘기나 꺼내놓기 위한 것 같았다. 측량사를 뽑는 문제가 제기되자 젊은 에이전트 한 사람이 말했다. "제방감독관, 당신이 그 일을 계획했으므로 누가 그 일에 적합한지를 가장 잘 알 것입니다."

---

9. 마소의 등에 잔뜩 실은 짐을 세는 단위

이 말에 하우케가 대답했다. "당신들이 모두 맹세했으므로 당신들은 나의 견해에 얽매일 필요가 없으며, 자신의 견해를 말씀하셔야 할 겁니다. 야콥 마이엔, 당신의 계획안이 더 좋으면 그때에는 내 것을 철회할 것입니다."

"좋아요," 야콥 마이엔이 말했다 "나는 당신 것이 합당하리라고 확신합니다."

나이 많은 에이전트들 중 한 사람은 그러나 완전히 동의하지 않았다. 그는 조카가 한 사람 있는데 측량에 있어서 그와 비슷한 실력의 사람도 여기 소택지에서 본적이 없다고 말했다. "그 사람은 제방감독관의 아버지, 고인이 되신 테테 하이엔 씨보다 더 능력이 훌륭합니다."

그러자 위원들은 두 측량사에 관하여 숙고하였으며 마침내 공동으로 그들에게 위임하기로 결정하였다. 덤프수레, 짚의 운반 그리고 모든 다른 문제도 유사한 방식으로 처리되었다. 하우케는 늦은 시간에 말을 타고 거의 녹초가 되어서 집으로 돌아왔다. 그는 그의 전임자인 더 세력이 있고 더 낙천적이던 사람의 것이었던 오래된 안락의자에 털썩 앉았다. 그의 아내는 벌써 그의 옆에 있었다. "당신은 너무 피곤해 보여요. 하우케." 가냘픈 손으로 그의 이마의 머리를 뒤로 쓰다듬으면서 말했다.

"아마도 약간!" 그가 답했다.

"일은 잘 되었어요?"

"그럭저럭" 그는 쓴 웃음을 띠우면서 말했다. "그러나 나는 수레를 스스로 끌어야 해요. 그 일이 취소되지 않은 상태라서 기뻐해야지요!"

"사람들 전부 다 끄는 게 아니고요?"

"아니요, 엘케, 당신의 대부인 예베 만네르스는 좋은 사람이에요. 내가 오직 원하는 것은 그가 서른 살만 더 젊었으면 하는 거요."

몇 주 지난 후에 제방 길의 경계표시가 끝났고 덤프수레 대부분이 운반된 후에, 새로 만들어질 간척지의 모든 주주들과 구 제방 뒤의 땅 소유자들도 제방감독관이 소집하여 교구의 여관에 모였다. 모임의 목적은 그들에게 노동과 비용의 분배에 관한 계획을 들려주고 이견이 있으면 듣는 것이었다. 새 제방과 새 수문이 옛 제방의 유지비용을 줄여 주는 까닭에 후자도 그들의 몫을 부담해야 했다. 이 계획은 하우케에게 다량의 노동을 의미했다. 총제방감독관의 중재로 심부름꾼 한 명과 비서 한 명을 할당받지 못했다면 매일 밤늦게까지 일을 했음에도 작업을 그렇게 빨리 끝낼 수 없을 것이다. 죽을 만큼 피곤해져 집으로 가면 아내는 더 이상 예전처럼 자는 체하고 기다리고 있지 않았다. 그녀 역시 자신의 일 만으로도 하루가 벅차 깊이 잠이 들어 있었다.

하우케가 그의 계획을 다 들려주고 난 후 여기 여관에 이미 사흘 동안 공개 열람을 하도록 진열해두었던 서류들을 책상 위에 펼쳐 놓자, 배석해 있던 위원들은 이 같은 세심한 노력에 경의를 표하면서 조용히 생각한 끝에 제방감독관이 제시한 계획에 찬성하였다. 그러나 본인 스스로 혹은 자기 아버지나 이전 소유자로부터 새 땅의 지분을 매입한 사람들은 작업이 이뤄지면 이전의 자기 땅 역시 점차 경비부담을 벗어나게 된다는 사실을 잊었는지 아무 상관없는 새 간척지의 비용에 자기들을 끌어 들인다며 불만을 터트렸다. 또한 새 간척지에 운 좋게도 지분을 얻은 다른 사람들은, 새 땅의 지분을 매입한 사람에게서 그 지분을 사겠다며 거의 아우성이었다. 그 지분으로 인해 부과된 적지 않은 부담금 때문에 그들이 살아남지 못 할 수도 있다는 것 때문이었다. 그러자 마르고 험상스러운 얼굴의 오레 페테르스가 참견을 했다. "우선 곰곰이 생각해 본 다음에 우리 제방감독관을 믿어 봅시다! 저 사람이 계산에 밝잖소. 지분도 제일 많고 내 지분을 살 때는 어찌나 흥정을 잘 하던지 내 걸 사들이더니 제방을 쌓아 새 간척지를 만들기로 작정하더군요."

말이 끝나자 회의장 안엔 잠시 죽은 듯한 침묵이 흘렀다. 제방감독관은 앞서 그의 서류를 펼쳐 놓았던 탁자에서 머리를 들고 오레 페테르스를 쳐다보았다. "오레 페테르스, 그게 나에 대한 비방이라는 거, 당신이 잘 알 테지요." 그가 말했다 "당신이 날 욕보이려고 오물을 던지면 대부분 그 오물이 당신한테 달라붙게 된다는 걸 잘 알면서도 이런 짓을 하다니요! 진실을 말하자면, 당시 당신은 당신 몫을 내놓고 싶어 했고, 나는 양 사육에 그 땅이 필요 했던 것이오. 당신이 알아둬야 할 게 더 있어요. 이 여관에서 자네 입에 담았던 그 더러운 언행 말입니다. 내가 단지 아내 덕분에 제방감독관이 됐다는. 그 말 때문에 내 정신이 번쩍 들었거든요. 나는 순전히 나의 노력만으로도 제방감독관이 될 수 있다는 사실을 여러분들에게 보여주고 싶었어요. 그래서 오레 페테르스, 나는 내 전임 제방감독관이 벌써 했어야만 했던 일을 한 거예요. 당시 당신 몫이 내 것이 돼 버려 양심을 품었다면 당신도 지금 듣고 있잖아요. 그저 자기한테 부과된 부담금이 이제 너무 많다는 이유로 지분을 싸게 내놓는 사람들이 부지기수란 걸 말이에요."

좌중의 남자들 사이에서 일부는 찬성을 표하며 웅성거렸고, 그 가운데 서 있던 예베 만네르스가 크게 소리쳤다. "브라보, 하우케 하이엔! 하나님께서 자네 작품을 성사 시켜 주실 거네!"

그러자 오레 페테르스도 입을 다물고 사람들은 저녁을 먹으러 뿔뿔이 흩어졌음에도 일은 바로 마무리되지 않았다. 두 번째 모임에서야 겨우 모든 일이 처리되었다. 그것도 하우케가 다음 달에 그의 수중에 들어올 마차를 세 대가 아니고 네 대나 주겠다고 한 연후였다.

온 지역에 성령강림절을 알리는 종이 울려 퍼지고 드디어 작업이 시작되었다. 덤프 수레들이 싣고 온 점토를 부리고 새로 싣기 위해 해안에서 제방선 근처로 수없이 왕래하고 있었다. 제방선 부근에서도 삽과 가래를 든 남자들이 그곳에 쌓아 놓은 흙을 옮겨다 반반하게 고르고 있었다.

거대한 손수레 한 대 분의 짚이 당도하여 땅에 내려졌다. 짚은 제방의 내륙 쪽에 사용되는 모래와 푸석푸석한 흙 같은 가벼운 재료를 덮는 데 사용하였다. 제방의 구간이 하나씩 점차적으로 완성되었고 그 위에 잔디 뗏장을 덮었으며, 여기에 사나운 파도에 쓸려가지 않도록 짚으로 만든 단단한 보호막을 덮어 주었다. 관리인들은 여기저기 다니며 일을 시켰고 폭풍우가 몰아 칠 적엔 비바람을 헤치고 입이 찢어져라 명령을 내렸다. 제방감독관은 이제 늘 애용하는 백마를 타고 그 사이를 활보했다. 제방감독관이 무뚝뚝하게 득달같은 지시를 내릴 때나, 일꾼을 칭찬할 때, 혹은 심심찮게 일어나는 일이지만, 게으르거나 무능한 사람들을 가차 없이 해고시킬 때도 백마는 기사를 태우고 곳곳을 달려 다녔다. "필요 없어!" 그는 크게 고함쳤다. "자네의 게으름 때문에 우리 제방을 망칠 순 없지!" 그가 간척지 저 아래에서 말을 타고 올라올 때면 벌써 멀리서도 말의 콧김 소리가 들렸고 모두의 손에 힘이 바짝 들어갔다. "힘들을 내요! 백마를 탄 사람이 오고 있어요!"

일꾼들이 빵 한쪽을 들고 떼를 지어 땅에 누워 아침을 먹는 시간이면 하우케는 사람이 없는 작업장을 말을 타고 누볐고 그의 예리한 눈길은 삽질이 태만한 곳에 여지없이 닿았다. 그러나 그가 사람들한테 다가가 작업방법을 설명할 때면 그들은 빵을 먹으며 참을성 있게 그의 말을 들어주긴 했으나, 동의한다는 말 한마디 혹은 간단한 소견 하나 말하지 않았다. 한번은 바로 그 아침식사 시간이었다. 이미 아침이 늦어 있었다. 제방의 한 부분이 특별히 잘된 것을 보고 그는 가장 가까이에 모여 아침을 먹고 있는 일꾼들에게 다가가 말에서 내렸고 누가 그렇게 일을 잘해내었는지를 기분 좋게 물었다. 그러나 그들은 그저 무심하게 말없이 그를 바라볼 뿐이었다. 그러더니 천천히 거의 마지못해 몇 사람의 이름을 밝혔다. 그가 양처럼 순하게 서 있던 그의 말을 한 사람에게 건네 주자, 말을 건네받은 사람은 두 손으로 말 고삐를 붙들고 서서 어느 때처럼 주인에게 시선을 고정하고 있는 그 동물의 아름다운 눈을 두려움에 찬 듯 쳐다보고 있었다.

"자, 마르텐!" 하우케가 불렀다. "어째서 그러고 서 있나? 다리에 번개라도 맞은 겐가?"

"나리, 나리의 말이 너무 얌전해서 꼭 나쁜 짓이라도 저지르려는 것 같습니다요."

하우케가 웃으며 직접 고삐를 잡자 말이 그의 어깨에 머리를 갖다 대고 다정하게 비볐다. 일꾼들 중 몇몇은 말과 기수를 겁을 먹고 쳐다보았다. 그러나 다른 사람들은 마치 이 모든 것이 그들과는 상관없다는 듯 말없이 아침을 먹으며 간간이 갈매기들에게 빵 조각을 던져 주었다. 먹이가 있는 곳을 눈치 챈 갈매기들이 가냘픈 날개를 퍼덕이며 그들의 머리 바로 위까지 날아들었다. 제방감독관은 한참 동안 구걸하는 새들과 던진 빵 조각을 부리로 덥석 낚아채가는 모습을 멍하니 쳐다보았다. 그리고 안장에 뛰어 올라 되돌아보지 않고 말을 타고 떠났다. 이제 그들은 크게 떠들기 시작했고 몇 단어들이 그의 귀에 비웃음처럼 들렸다.

"왜 저러지?" 그는 스스로에게 물었다.

"모두 나에게 적대적이라고 했던 엘케 말이 맞는 건가? 이 일꾼들도 소작농들도 저들 중 많은 이들이 새 제방 덕에 부를 쌓을 것이 아닌가?"

그는 말에 박차를 가하여 미친 듯이 간척지로 돌진해 내려갔다. 물론 그는 그의 전 농장 일꾼이 백마를 탄 사람에게 뒤집어씌운 이 묘한 기운이 뭔지 전혀 몰랐다. 그러나 사람들은 이제 깡마른 얼굴로 뚫어져라 쳐다보는 그의 두 눈과 망토를 휘날리는 모습, 바람처럼 질주하는 말의 모습만 보는 건지도 몰랐다.

그렇게 여름과 가을이 갔다. 11월 말까지 일이 계속되다 눈과 서리 때문에 중단되었다. 일을 끝내지 못한 채, 간척지를 미완의 상태로 놔두기로 한 것이다. 제방은 평지보다 팔 피트 높이로 솟아 있었다. 다만 서쪽으로 물을 막아 줄 수문이 들어설 곳은 틈으로 남아 있었다. 게다가 옛 제방 앞 위쪽 물줄기 역시 손대지 않았다. 그리하여 그곳이나 새 제방에도 큰 탈 없이 밀물이 삼십 년 전처럼 간척지에 흘러들 수 있었다. 그렇게 인간의 손이 빚은 작업은 위대한 신의 손에 맡겨져, 봄의 태양이 그 작업이 완성될 수 있도록 힘을 줄 때까지 신의 보호아래 있게 되었다.

그러는 동안에 제방감독관의 집에 기쁜 일이 생겼다. 결혼 9년 만에 드디어 아기가 태어났다. 아기는 발그스름한데다 쭈글쭈글 주름이 졌으며 무게가 7파운드였다. 이번처럼 여아의 경우라면, 적당한 무게였다. 그러나 이상하게도 아이의 울음소리만은 들리지 않았고 산파도 마음이 좋지 않았다. 그중에도 가장 나쁜 것은 아기가 태어난 이틀 후에 엘케가 심한 산욕열로 앓아누운 것이었다. 그녀는 헛소리를 하는가 하면 남편도 낯익은 간호사도 알아보지 못했다. 아이를 보고 하우케가 느꼈던 굉장한 기쁨도 슬픔으로 바뀌었다. 시내에서 의사가 불려 왔다. 그는 엘케의 침대 옆에서 앉아 맥박을 재고 약을 처방하고는 어찌할 수 없는 듯 고개를 떨구었다. 하우케는 머리를 저었다. "의사도 소용없군요. 도움을 구할 데라곤 신밖에 없어요!" 그는 기독교를 자신의 종교로 생각했지만 거기엔 자신의 기도를 방해하는 뭔가가 있었다. 늙은 의사가 떠난 후에 그는 창가에 서서 겨울날을 내다보고 있었다. 그리고 아픈 아내가 헛소리를 할 때면 그는 두 손을 꼭 모았다. 그러나 그것이 신앙심에서 나온 것인지 단순히 무서운 공포에 빠지지 않기 위하여서 인지는 그 자신도 몰랐다.

"물, 물!" 환자가 신음 소리를 냈다. "나를 잡아 줘요!" 그녀가 소리쳤다. "나를 잡아 줘요. 하우케!" 그러고는 목소리가 잦아들었다. 그 소리는 마치 울먹임처럼 들렸다. "바다로요, 물속으로요? 하나님, 저는 그를 다시 못 보겠네요!"

이때 그는 몸을 돌려 간호사를 침대에서 밀치고는 무릎을 꿇고 아내를 두 팔로 끌어안았다. "엘케, 엘케, 나를 알아보겠어? 내가 당신 옆에 있잖아!"

그러나 그녀는 단지 열로 붉어진 눈을 크게 뜨고 어찌할 바를 모르는 듯이 맥없이 주위를 둘러 볼 뿐이었다.

그는 그녀의 베개를 다시 놓아 주었다. 그리고 양손을 포개 쥐고 소리쳤다. "주님, 저에게서 그녀를 뺏어 가지 말아 주세요! 전 그녀 없이는 못 산다는 것을 아시잖아요!" 그는 생각에 빠진듯하더니 다시 더 낮은 목소리로 덧붙였다. "저는 당신도 항상 원하시는 대로 할 수만은 없다는 사실을 압니다. 당신도 말입니다. 당신은 헤아릴 수 없이 현명하십니다. 당신은 틀림없이 지혜롭게 처리하실 것입니다. 오, 주여, 그저 숨결을 통해서 만이라도 제게 말해 주십시오."

그때 갑자기 주위가 정적에 휩싸인 것 같았다. 들리는 건 오직 부드러운 숨소리뿐이었다. 침대로 가보니 아내는 평화롭게 자고 있고 간호사는 당혹스런 눈으로 그를 쳐다 볼 뿐이었다. 그리고 누군가가 문을 나서는 소리가 들려 그가 물었다. "누구였어요?" 그가 물었다.

"그것은 하녀인 안 그레테였어요, 주인님, 그 여자가 따뜻한 음식 한 바구니를 갖고 왔어요."

"왜 당신은 나를 그렇게 벌벌 떨면서 쳐다보고 있어요, 레브케 부인?"

"저는 당신의 기도에 깜짝 놀랐어요, 주인님. 당신의 그러한 기도로는 어느 누구도 죽음에서 구할 수가 없을 것이에요!"

하우케는 그녀를 날카로운 눈으로 쳐다보았다. "당신도 역시 네덜란드인 재단사 얀티에의 집에서 하는 비밀집회에 참석하오, 안 그레테?"

"네, 주인님, 우리 둘 다 생명 있는 믿음을 함께하고 있어요!"

하우케는 대답을 하지 않았다. 그 당시 활발하게 드러났던 분리주의자의 비밀집회 운동은 프리즐란트 사람들 사이에도 흥했다. 술 때문에 해고되어 가난해진 수공업자나 남자 교원들은 그 안에서 주된 역할을 했다. 그리고 하녀, 젊은 여자, 나이든 여자들, 게으름뱅이 그리고 고독한 사람들이 이 비밀 모임에 열성적으로 몰려들었다. 거기서는 누구든 성직자 역을 맡을 수 있었다. 제방감독관 집안의 사람들 중에 안 그레테와 그녀를 사랑하는 한 하인이 그곳에서 자유로운 저녁 시간을 보내곤 했다. 엘케는 물론 그 점에 관하여 하우케에게 알리는 것을 삼가지는 않았다. 그러나 하우케는 사람은 종교적인 믿음의 문제에 서로 간섭하지 않아야 한다고 말했다. 그것은 아무에게도 해가 되지 않을 뿐더러 마을의 대폿집에 있느니 차라리 그곳에 있는 것이 더 나을 것이라면서.

그 일은 그렇게 넘어갔고, 하우케는 입을 다물었다. 반면 사람들은 그에 관해 떠들어댔다. 그의 기도의 말이 집집마다 퍼졌다. 그는 신의 전능을 부인했다. 대체 전능이 없는 신은 무엇이겠는가? 그가 바로 무신론자였다. 악마의 말(馬)이라는 소문은 결국 사실일 것이다!

하우케는 이에 관하여 아무 말도 듣지 못하였다. 이 시기에 그의 눈과 귀는 단지 그의 아내에게로 쏠려 있었다. 아기조차도 눈에 들어오지 않았다.

나이든 의사가 다시 왔다. 매일, 때로는 두 번씩 왔다. 그는 밤새 머물면서 재삼 처방전을 썼고 이벤 욘스는 그것을 가지고 쏜살같이 약방으로 달려가곤 했다. 그러던 끝에 드디어 의사의 얼굴이 더욱 부드러워졌고 제방감독관에게 확신을 갖고 끄덕이며 말했다. "낫고 있어요! 낫는 중이에요! 신의 도움으로!" 그리고 어느 날 그의 의술이 그 병을 이긴 걸까 아니면 주님이 결국 하우케의 기도에 응답하는 방법을 발견할 수 있었던 것일까? 의사는 홀로 아픈 여자와 함께 있을 적에 그녀에게 물었고 그의 늙은 눈은 미소를 띠웠다. "자, 이제 내가 두려움 없이 말을 할 수 있게 되었어요. 오늘은 의사인 제게 기념일이랍니다. 당신의 상태는 매우 심각했지만 이제 우리들에게, 산 사람에게로 다시 속하게 되었어요!"

넘쳐흐르는 빛이 그녀의 어두운 눈에서 쏟아져 나오는 것처럼 보였다. "하우케! 하우케, 당신 어디 있어요?" 그녀가 소리쳐 부르자 그가 대답하면서 그녀의 침대로 달려갔고 그녀는 두 팔로 그의 목을 껴안았다. "하우케, 여보, 나는 살아났어요! 나는 당신과 함께 여기서 살아 갈 것이에요!"

늙은 의사는 주머니에서 비단 손수건을 꺼내 이마와 뺨을 닦고 고개를 끄덕이면서 방을 나갔다.

이후 세 번째 날 저녁에 신앙심 깊은 설교자이자 제방감독관에 의하여 해고되었던 실내화 제화공이 네덜란드인 재봉사 집에서 열린 비밀집회에서 신자들에게 신의 본질에 관하여 설명하면서 이렇게 말하였다. "신의 전능을 부정하는 사람은 말할 것입니다. '저는 당신도 당신이 원하는 대로 할 수만은 없다는 것을 압니다.'라고요. 우리 모두는 그 불행한 가엾은 사람을 알고 있습니다. 그는 우리 모두에게 돌과같이 큰 짐입니다. 그는 신으로부터 떨어져 나가서 신의 적을, 죄악의 친구를 위안자로 얻으려고 애씁니다. 인간의 손을 위하여 그것을 유지시킬 어떤 종류의 사람이 필요합니다. 그러나 그런 태도로 기도하는 사람을 경계하십시오. 그의 기도는 저주 받았습니다!"

이것, 역시 도깨비불처럼 집집으로 전해졌다. 작은 공동체에서 무엇인들 퍼지지 않았겠는가? 그리고 이것은 하우케도 듣게 되었고 그것에 관하여 한마디도 하지 않았다. 그의 아내에게조차도. 그러나 때때로 그의 팔에 그녀를 꼭 껴안고 그에게로 당겼다. "나에게 진실한 채로 있어요! 엘케!" 그러자 그녀는 그를 쳐다보았다. 그녀의 눈은 깜짝 놀람으로 가득 찼다. "당신에게 진실 하라고요? 누구 다른 사람이 있을 수 있어요?" 잠시 후에 그녀는 그가 원하는 것을 이해했다. "네, 하우케, 우리는 서로에게 진실해요. 우리가 서로를 필요로 하기 때문만은 아니에요." 그리고 그들은 각자 자신의 일로 돌아갔다.

이것은 그런대로 좋은 것이었다. 그러나 그의 활동에도 불구하고 그의 주위에는 고독이 있었다. 그리고 동료들에 대한 저항과 제외된 느낌이 그의 마음속에 몰래 들어왔다. 그의 아내에 대한 마음만 항상 똑같았고 매일 아침과 저녁이면 그는 딸의 요람 앞에 꿇어앉았다. 마치 아이가 영원한 구원의 원천인 것처럼. 그러면서 하인과 일꾼들에게 그는 점점 더 엄격해졌다. 과거에 솜씨 없는 사람들과 태만한 사람들이 조용히 훈계를 받았다면 이제 그의 사나운 질책에 떨었고 때로는 엘케가 나가서 조용히 그들을 달래야 했다.

봄이 다가 오자 제방의 일이 다시 한 번 더 시작되었다. 이제 건설 중인 새로운 수문을 보호하기 위하여 서쪽 제방선 내의 빈 공간은 안과 밖 양쪽 면에서 반달 모양인 보호 제방에 의하여 폐쇄되었다. 그리고 수문과 함께 주 제방은 점점 높아졌으며 일의 처리가 빨라질수록 제방은 더 높아졌다. 그러나 담당하고 있는 제방감독관 몫의 일은 더 쉬워지지는 않았는데, 오레 페테르스가 그 겨울에 죽은 예베만네르스 대신에 제방 에이전트가 되었기 때문이었다. 하우케는 그의 지명을 막는 어떤 시도도 하지 않았다. 그러나 아내의 대부인 그 노인의 왼편 어깨를 다정하게 툭툭 두드려주며 격려하는 말 대신, 이제는 노인의 후임자로부터 불필요한 정당화라고 간주될 수 있는, 역습과 은밀한 저항을 경험하게 되었다. 왜냐하면 오레는 중요한 사람에 속하지만, 제방에 관련된 일에서는 영리한 사람이 아니었으며, 게다가 '펜대를 굴리던 녀석'은 항상 그의 길을 가로 막는다는 자격지심을 갖고 있었다.

찬란한 하늘이 다시 바다와 소택지 위로 펼쳐졌다. 그리고 간척지는 다시 건장한 가축과 함께 밝아왔다. 때때로 넓게 펼쳐진 침묵이 소들의 울음소리로 깨트려지면서, 하늘 높이 종달새가 쉬지 않고 노래를 부르고 있었다. 그러나 사람들은 한 노래가 그쳐야 비로소 노래에 주의하게 된다. 제방 일을 방해하는 폭풍우도 없었다. 수문은 건설되었고, 하루 저녁도 임시 제방의 보호가 필요치 않아 들보는 여전히 페인트를 칠하지 않았다. 주님은 새로운 작업을 호의적으로 보시는 것 같았다. 그리고 엘케의 눈은 하우케가 제방에 나가 있다가 백마를 타고 집에 올 때면 남편을 향해 미소를 띠웠다. "드디어 멋진 말이 되었네." 부드러운 말의 목을 두드리면서 그녀는 말했다. 그녀가 가슴에 아이를 품고 있을 때면 하우케는 말에서 뛰어내려 팔에 조그만 어린것을 안고 얼렀다. 그리고 말이 갈색 눈을 아이에게 고정할 때면 그는 말하곤 했다. "이리 와, 너도 역시 영광을 하사 받아야지." 그리고 빈케—그녀의 세례 받은 이름이다—를 안장 위에 앉히고 작은 언덕 주위를 원을 그리며 말을 이끌었다. 오래된 물푸레나무도 역시 때때로 영광을 입었다. 하우케는 아이를 흔들거리는 가지에 앉히고 부드럽게 흔들어 주었다. 엘케는 눈에 웃음을 머금고 문간에 서 있었다. 그러나 아이는 웃지 않았다. 조그맣고 섬세한 코를 가운데 두고 있는 눈은 멍청히 먼 곳을 바라보았다. 조그만 두 손은 아버지가 내미는 막대기를 잡으려 하지 않았다. 하우케는 이것에 주의하지 않았다. 왜냐하면 하우케는 그만큼 어린 나이의 아이에 관하여 아무것도 몰랐기 때문이었다. 다만 엘케만이 그녀와 같은 시기에 출산한 하녀의 팔에 있는 눈동자가 맑은 작은 소녀를 보았을 때, 슬프게 말했다. "우리 아기는 당신 아기만큼 잘하지 못하네, 슈티나!" 그리고 슈티나는 그녀의 손을 잡고 있는 땅딸막한 어린 아들을 흔들면서 투박한 애정을 가지고 소리쳤다. "네, 마님, 어린아이는 제각각 달라요. 제 아이는 두 살도 되기 전에 식품저장소에서 사과를 훔쳤어요!" 그리고 엘케는 통통히 살이 찐 꼬마 녀석의 곱슬머리를 아이의 눈 바깥쪽으로 빗어 주었고 그러면서 엘케는 아무도 모르게 말이 없는 딸을 가슴으로 꼭 안았다.

10월이 왔다. 새로운 수문은 양쪽으로 연결된 주 제방의 서쪽 면에 견고하게 서 있었다. 주 제방은 수로 근처에 있는 틈새를 제쳐 두고 이제 바다를 향한 면으로 부드럽게 경사진 윤곽을 그리며 내려갔다. 정상적인 홍수 높이보다 15피트가 높았다. 북서 모퉁이에서 사람들은 예베르스할리히를 거쳐 개펄 멀리까지 뚜렷한 경치를 볼 수 있었다. 그러나 바람이 이곳에서는 더욱 세차게 불어 구경꾼의 머리카락은 자연스럽게 나부꼈다. 누구든지 이 지점에서 바라다보기를 원하면 모자를 단단하게 잡고 있어야만 했다.

11월 말에 비와 폭풍우가 시작되었을 때 구 제방에 가까이에 있는 배수구만이, 아직도 닫힌 채로 있었다. 배수구를 통과한 북쪽 면에 있는 배수구 바닥의 바닷물이 개펄의 물길을 통하여 새 간척지로 들어갔다. 양쪽에 제방의 벽이 서 있었다. 그 사이의 끝없이 깊은 늪은 이제 채워져야만 했다. 건조한 여름이었더라면 이 일이 더 쉽게 처리됐을 것이다. 그러나 날씨가 어떻든 그 작업은 완성되었어야만 했다. 왜냐하면 불쑥불쑥 찾아오는 폭풍우는 사업 전체를 위험하게 할 수 있었다. 그리고 하우케는 작업을 끝내기 위하여 최선을 다 했다. 비는 억수같이 쏟아졌고, 바람은 윙윙거렸다. 그러나 기운찬 말 위의 그의 마른 모습은 이 곳에 있나 싶다가도, 곧 제방 북쪽의 도랑 저편에서 일하고 있는 사람들 틈에 나타나곤 했다. 이제 그는 바닷가에서 진흙을 운반해야 하는 덤프수레 가까이에 가 있었다. 바싹 붙어있는 여러 대의 손수레는 방금 수로에 도착했고 한 짐의 진흙이 차례로 아래로 던져 졌다. 때때로 제방감독관의 호된 명령은 이날 유일한 명령이었으며 몰아치는 폭풍우 속으로 울려 퍼졌다. 그는 손수레에 번호를 붙여 불렀으며 앞 사람을 밀은 사람은 뒤로 보냈다. '멈춰'라는 소리가 그의 입에서 나오면 아래에서 일이 중단되었다. "짚! 짚 한 차를 여기 내려놓아요!" 그는 위에 있는 사람에게 소리쳤으며 대기 중이던 마차에서 짚이 젖은 점토 위로 뚝 떨어졌다. 아래에서 사람들은 그것을 잡으려고 뛰어 가서 그것을 서로 잡아 당겼고 그들이 파묻히지 않기 위하여 위로 고함을 쳤다. 그러자 새 수레가 도착했으며 다시 한 번 더 하우케가 제일 위에서 말을 타고 아래 구덩이에서 삽질을 하고 점토를 펼치고 있는 사람들을 보았다. 그는 눈을 바다 쪽으로 향했다. 살을 에는 듯한 바람이 불고 있었으며 그는 물의 가장자리가 점점 더 많이 제방 위로 기어오르는 것과 파도가 더 높이 올라오는 것을 볼 수 있었다. 그는 사람들이 머리 위로 내리는 차가운 비에 흠뻑 젖은 채 힘든 일을 하느라 거의 숨을 쉴 수 없는 것을 보았다. "계속 하세요, 여러분. 계속하세요." 그는 그들에게 소리쳤다. "일 피트만 더 높이세요. 그러면 이 홍수에 충분합니다!" 날씨가 만드는 모든 지속 적인 굉음 가운데서 일꾼들의 소리, 위에서 내려놓는 짚의 바스락거리 리는 소리가 멈추지 않고 나왔다. 그러는 동안 추위에 얼고 사람들과 운송 마차 사이에서 고통을 당하고 있는 조그만 갈색 개의 깽깽거리 는 소리를 사람들이 들을 수 있었다. 갑자기 작은 동물의 고통스러운 외침이 골짜기 바닥에서부터 올라왔다. 하우케가 내려다보았다. 그는 제방의 위에서 아래로 미끄러지는 개를 보았다. 노여움으로 갑작스레 얼굴이 붉어졌다. "멈춰, 멈춰요!" 그는 손수레가 있는 아래쪽을 향하 여 소리쳤다. 왜냐하면 젖은 점토가 쉬지 않고 쏟아 졌기 때문이었다.

"왜 그래요?" 아래에서 거친 목소리가 올라왔다. "불쌍한 똥개 때 문은 아니지요?"

"멈추라고 내가 말했다." 한 번 더 하우케가 소리쳤다. "그 개를 내 게 데리고 와! 나는 우리 일의 신성함을 더럽히게 하지 않을 거야!"

그러나 아무도 움직이지 않았다. 단지 무거운 점토 몇 삽이 울고 있는 동물 옆으로 날아갔다. 그는 말이 소리를 내지르도록 박차를 가 하고 제방 아래로 쏜살같이 달려 나갔다. 그러자 모든 사람들이 그의 앞에서 뒤로 물러났다. "그 개를!" 그는 소리쳤다. "그 개를 이리 줘!"

손 하나가 부드럽게 그의 어깨를 두드렸다. 마치 나이든 예베 만 네르스의 손 같았다. 그러나 그가 둘러보았을 때 그것은 노인의 친구였다. "주의 하세요, 제방감독관!" 그 사람은 그에게 귓속말을 했다. "당신은 이 사람들 중에 친구가 없어요. 사람들이 개를 처리하도록 놓아 두세요!"

바람이 휙 소리를 내며 지나가고 비는 아래로 내리쳤다 사람들은 땅에 삽을 꽂았고 몇몇 사람들은 삽을 멀리 던졌다. 하우케는 그 노인에게로 몸을 굽혔다. "백마를 잡아 주시겠습니까, 하르케 옌스 씨?" 그는 물었고 그 사람이 고삐를 손에 거의 잡았을까 할 때 하우케는 벌써 벌어진 틈으로 뛰어 내렸고 그 낑낑거리고 있는 작은 동물을 팔에 안았다. 거의 동시에 그는 다시 높이 안장에 앉아 있었고 말을 타고 빠르게 제방으로 되돌아갔다. 그의 눈은 마차 옆에 서 있는 사람들을 싹 훑었다. "누구였지? 누가 이 개를 던졌지?"

잠깐 동안 모두 침묵했다. 왜냐하면 제방감독관의 수척한 얼굴에서 분노가 번득였기 때문이었다. 그리고 그들은 그에게 미신적인 두려움을 가졌기 때문이다. 그때 수레 중 하나에서 고집 센 녀석이 걸어 나왔다. "제가 하지 않았어요. 제방감독관님" 그가 말하고 조용히 입으로 밀어 넣은 씹는담배 두루마리의 끄트머리를 물어뜯었다. "그러나 누군지 한 사람이 올바른 일을 했어요. 만일 당신의 제방이 세워지려면 살아있는 생명체가 그 속에 묻혀야만 해요!"

"뭐라고 생명체라고? 어떤 교리 문답서에서 너는 그것을 배웠어?"

"어느 책에서도 아니에요, 나리" 그 청년은 뻔뻔스러운 웃음소리를 내면서 대응했다. "그것은 당신과 기독교 신앙에서 우열을 다툴 수 있는 우리 신앙심 깊은 할아버지들이 이미 알고 있었어요. 아이라면 더 좋아요. 만일 아이가 없으면 개라도 충분해요!"

"너는 이교도의 교리에 관하여 침묵하라!" 그를 향하여 하우케가 소리쳤다. "사람들이 너를 던졌다면 더 잘 채운 것일 것이다."

"아," 열 두 개의 목에서 그 소리가 울려 나왔다. 그리고 제방감독관은 그의 주위에 격노한 얼굴과 둥글게 쥔 주먹을 알아챘다. 그는 둘러싼 사람들이 친구가 아닌 것을 잘 알았다. 그 제방에 관한 생각이 공포처럼 그를 습격했다. 만일 모든 사람이 삽을 던져 버리면 어떤 일이 일어나게 될까? 그리고 그가 이제 아래로 눈을 돌렸을 때 다시 나이든 예베 만네르스의 친구를 보았다. 그는 일꾼들 사이로 걸어갔고 이 사람과 저 사람과 말을 하고 한 사람과 다정하게 웃고 있었고 다정한 얼굴로 어떤 사람의 어깨를 두드렸다. 그리고 한 사람 또 다른 한 사람이 다시 삽을 잡았다. 다시 시간이 흐르자 작업은 완전히 진행되었다. 무엇을 더 그는 원했는가? 개펄의 수로는 당연히 닫혀야 했고 개는 그의 망토 속에 충분히 안전하게 숨어 있었다. 순간적으로 그는 제일 가까운 손수레를 향해 백마를 돌렸다. "모퉁이에 짚을!" 그는 오만하게 소리쳤고 기계적으로 마부가 그에게 순종했다. 곧 짚은 아래로 휙 움직이며 내려갔고 사방에서 모든 사람들은 새로 활기를 띠기 시작했다.

한 시간 동안 이렇게 일이 진행되었다. 여섯 시가 지났고 벌써 깊은 황혼이 시작되었다. 비는 멈추었고 하우케는 감시인을 말 앞으로 불렀다. "내일 새벽 네 시에." 그가 말했다. "모든 사람들은 여기 있어야 하오. 달이 여전히 올라와 있을 것이오. 하나님의 도움으로 작업을 끝내게 될 것이오. 그리고 또 하나!" 그들이 가려 할 때 그가 소리쳤다. "당신들은 이 개를 알아요?" 그는 떨고 있는 동물을 망토에서 꺼내었다.

그들은 고개를 저었다. 단지 한 사람이 말했다. "그 개는 며칠 동안 마을을 돌아다니면서 구걸했어요. 어느 누구의 개도 아니에요."

"그러면 내 것이오!" 제방감독관이 말했다. "내일 새벽 4시를 잊지 마시오!" 그리고 그곳에서 말을 타고 떠났다.

그가 집에 도착하자 안 그레테가 문에서 나왔다. 그 여자는 깨끗한 옷을 입고 있었고 지금 비밀집회의 재봉사의 집으로 간다는 생각이 그의 머리에 떠올랐다. "앞치마를 펼쳐요."

그가 그 여자에게 소리쳤다. 그녀가 마지못해 그렇게 하자 그는 점토가 묻은 작은 개를 그녀에게로 던졌다. "개를 빈케에게 데려다 주어요. 그 아이의 놀이 친구가 될 것이오. 그러나 우선 개를 씻기고 따뜻하게 해 주어야 해요. 그러면 당신도 역시 하나님을 기쁘게 하는 일을 하는 것이오. 그 불쌍한 동물은 추위로 뻣뻣해졌어요."

안 그레테는 그녀의 주인에게 복종하는 수밖에 없었고 그래서 그날 비밀집회에 갈 수가 없었다.

다음날 새 제방의 마지막 삽질이 이루어졌다. 바람은 잠들었으며 우아한 비행으로 갈매기와 뒷부리장다리물떼새가 계속해서 육지와 바다를 오가며 높이 날고 있었다. 예베르스할리히로부터 아직도 북해 해안에 머물고 있는 것에 만족하는 수천 마리 거위의 울음소리가 울렸다. 그리고 넓은 비옥한 저지(低地)를 덮고 있는 하얀 아침 안개로부터 천천히 황금빛의 가을날이 밝았고 인간의 손에 의한 새 작품을 비추었다.

이삼 주 후에 총제방감독관과 함께 지체 높은 위원들이 새 제방을 방문하러 왔다. 테데 볼케르츠의 장례식 정찬 후에 제일 성대한 연회가 제방감독관의 집에 차려졌다. 모든 제방 에이전트와 가장 주요한 관계자들이 초대 받았다. 잔치 후에 손님과 제방감독관의 마차에 말을 매어 두었다. 엘케 부인은 총제방감독관의 도움을 받아 그녀의 작은 마차에 올랐다. 갈색의 거세한 수말이 그 앞에 서 있었다. 총제방감독관이 뒤에서 뛰어 올랐으며 그의 손에 고삐를 잡았다. 왜냐하면 그 자신이 제방감독관의 영리한 부인을 태워 가고 싶었기 때문이다. 그들 모두가 즐겁게 작은 언덕의 통로를 따라 새 제방으로 가는 작은 길을 거쳐 새 간척지 주변의 제방을 따라 갔다. 그럭저럭하는 사이에 가벼운 북서풍이 불었고 새 제방의 북쪽 면과 서쪽 면의 밀물이 높아졌다. 그러나 북서풍이 불어도 완만한 경사로 인해 파도가 눈에 띄게 약해졌음을 부인할 수 없었다. 지체 높은 위원들의 입에서 제방감독관에 대한 칭찬이 쏟아져 나왔다. 그리하여 가끔 제방 에이전트에 의하여 제기되었던 의구심은 재빨리 가라앉았다.

그 일도 역시 지나갔다. 제방감독관은 어느 날 다른 만족을 느끼게 되었다. 그가 조용히 자부심을 품고 새 제방을 따라 가고 있을 때였고, 하나의 의문이 그의 마음속에 떠올랐다. 새 제방이 없었으면, 그 속에 그의 땀과, 잠을 자지 않고 지새운 밤이 묻히지 않았으면 그곳에 없을 간척지가 왜 귀한 공주의 이름에 따라 '새 캐러라인 공주의 간척지'로 명명되어야 하는가 하는 의문이었다. 그러나 사정은 이랬다. 공주의 이름은 모든 해당되는 기록물에 적혀 있었다. 몇 개는 게다가 붉은 고딕체 문자로 적혀 있었다. 고개를 들자 그는 두 사람의 일꾼이 농기구를 들고 한 사람은 대략 스무 걸음 뒤에서 다가오는 것을 보았다. "기다려!" 그는 뒤에 있는 사람을 부르는 소리를 들었다. 다른 사람은 간척지로 내려가는 길 바로 가까이에 서 있었다. 그에게 대답했다. "다음번에! 옌스! 너무 늦었어. 나는 여기서 점토를 파야 해."

"어디서?"

"왜, 여기 하우케 하이엔의 간척지에서!"

그 사람은 길을 내려가면서 크게 말했다. 마치 소택지에 있는 모든 사람들이 듣기를 원하는 것처럼. 하우케에게는 자신의 영예를 공포하고 있는 것을 듣고 있는 것처럼 여겨졌다. 그는 안장에서 일어나 백마에게 박차를 가하고 왼쪽으로 펼쳐진 넓은 지역을 응시했다. "하우케 하이엔의 간척지!" 작은 소리로 되풀이 했다. 그것은 마치 그 간척지가 다른 이름이 될 수 없을 것 같았다.

저들이 자기들 원하는 대로 고집했더라면, 그의 이름은 전파되지 않았을 것이다. 공주의 이름은 멀지 않아 단순히 고서에서 썩어 버리지 않을까? 백마는 자랑스럽게 빨리 달렸다. 그의 귀에는 여전히 윙윙거리고 있었다. '하우케 하이엔의 간척지! 하우케 하이엔의 간척지!' 그의 생각 속에서 새 제방은 거의 세계 팔대 불가사의 중 하나였다.

그와 비슷한 것은 프리즐란트 전체에 없었다. 그는 말을 춤추게 했다. 마치 모든 프리즐란트 사람들의 한가운데 서 있는 것 같았다. 그는 머리 하나만큼 그들보다 키가 커서 그의 시선은 날카롭고 따뜻한 마음을 지닌 채 그들 위를 날아가고 있었다.

제방이 완성된 이래로 삼 년이 지났다. 새 공사는 잘 유지되었으며 수선비용도 가벼울 뿐이었다. 간척지에는 이제 거의 모든 곳에 하얀 토끼풀이 피었고 사람들은 울타리가 둘러져 있는 목초지를 지나서 걸었으며 여름 바람이 달콤한 향기 나는 구름을 보내고 있었다. 지금까지 단지 '관념상'의 지분으로 있던 것이 '실제' 지분으로 변했으며 모든 조합원들이 땅을 영원히 소유하도록 배분할 시기가 되었다. 하우케는 새로 지분을 취득하는 데 가만히 손을 놓고 앉아 있지는 않았다. 오레 페테르스는 완강하다고 할 정도로 소극적이었다. 새 간척지에는 그의 소유인 땅이 하나도 없었다. 번거로움이나 언쟁이 없이 분배가 진행될 수는 없었다. 그럼에도 불구하고 분배는 완성되었다. 제방감독관에겐 이 날도 그렇게 지나갔다.

*

그 후로도 그는 제방감독관과 농부로서의 임무를 수행하면서 고독하게 살았다. 그리고 가장 가까웠던 옛 친구들은 더 이상 이 세상 사람이 아니었고 새 친구를 만드는 것에는 재주가 없었다. 그러나 그의 지붕아래는 평화가 있었다. 조용한 아이도 그것은 방해하지 않았다. 그 아이는 거의 말을 하지 않았고 활발한 아이들에게 특유한 끊이지 않고 계속 물으며, 대개 질문을 받은 사람들이 대답하기 어려운 그러한 질문도 하지 않았다. 그러나 아이의 사랑스럽고 천진난만한 얼굴은 거의 항상 만족한 표정이었다. 아이에겐 두 명의 놀이 친구가 있었다. 둘로 충분 했다. 작은 언덕을 갈 때는 하우케가 구해낸 작은 갈색 개가 그녀의 주위를 항상 뛰어 다녔다. 개가 나타나면 어린 빈케는 더 이상 가지 않았다. 두 번째 친구는 붉은 부리 갈매기였다. 개의 이름은 '진주'였고 갈매기는 '크라우스'였다.

크라우스는 나이 많은 노파에 의하여 농장에 자리를 잡게 되었다. 팔십 살의 트린 얀스가 바깥 제방에 있는 오두막에서 더 이상 살아 갈 수 없었고, 엘케는 할아버지를 도왔던 쇠약해진 하녀가 얼마 남지 않은 여생과 임종을 그녀의 집에서 지낼 수 있다고 생각했다. 거의 반쯤은 강제로 엘케와 하우케에 의하여 그녀는 농장으로 왔고 하우케가 농장을 확장하면서 몇 년 전에 본가 옆에 지었던 새 곡물창고의 북서쪽 방에서 지내게 되었다. 하녀 중 몇 명도 그 옆에 방을 가지고 있어서 저녁에 노파를 도울 수가 있었다. 그녀의 오래된 세간이 벽을 따라 놓였다. 설탕 상자용 목재로 만든 상자, 그 위에는 죽은 아들의 알록달록한 그림 두 개와 이미 오래 전에 사용하지 않게 된 물레와 깨끗한 커튼 달린 침대, 그 앞에는 이전의 앙고라 고양이의 볼품없는 하얀 털로 커버를 씌운 등받이 없는 의자가 놓였다. 그러나 살아 있는 것도 그녀는 데리고 왔다. 갈매기인 크라우스인데 벌써 수 년 동안 그녀에게 충실하였고 그녀에게서 먹이를 받아먹었다. 물론 겨울이 오면 다른 갈매기와 함께 남쪽으로 날라 갔으며 갯벌에 쑥 향기가 날

때 비로소 다시 왔다.

곡물창고는 상당히 작은 언덕 아래에 세워져서 노파는 창문에서 제방 너머 바다를 내다 볼 수 없었다. "자네는 여기 감옥에 나를 들어 앉혔네, 제방감독관!" 그녀는 어느 날 하우케가 그녀의 방으로 가자, 투덜대었다. 그리고 그녀는 볼품없는 손가락으로 아래에 펼쳐진 소택지를 가리켰다. "도대체 어디에 예베르스잔트가 있지? 저 너머 붉은 황소와 검은 황소 뒤에?"

"예베르스잔트에 무엇 하시게요?" 하우케가 물었다.

"뭐하긴, 예베르스잔트!" 노파는 으르렁 거렸다. "내 아들이 신에게로 떠난 곳을 보고 싶어!"

"그곳이 보고 싶어지면" 하우케가 대답했다. "저 위에 물푸레나무 아래 가면, 그곳에서 바다 전체를 볼 수 있어요!"

"그렇겠군," 노파가 말했다. "내가 당신처럼 젊은 다리를 가졌다면 가능하지, 제방감독관!"

제방감독관 사람들이 그녀에게 베푼 도움에 대한 감사 표시가 오랫동안 그러했다가 갑자기 달라졌다. 어느 날 아침 빈케의 작은 머리가 반쯤 열린 문을 통하여 그녀를 들여다보았다. "얘야!" 나무 의자에 앉아 있던 노파가 불렀다. "무슨 일이지?"

그러나 아이는 말없이 가까이 가서 그녀를 끊임없이 쳐다보았다.

"너는 제방감독관의 아이지?" 트린 얀스가 물었다. 그리고 아이가 끄덕이는 것처럼 머리를 숙이자 그녀는 계속했다. "그러면 여기 내 등 없는 의자에 앉아! 이것은 앙고라 고양이었단다. 이만큼 컸어! 그

135

런데 네 아버지가 그것을 때려 죽였어. 고양이가 아직 살아 있으면, 네가 고양이 위에 탈 수 있었을 텐데."

빈케는 아무 말 없이 하얀 털로 눈을 돌렸다. 그 다음에 아이는 무릎을 꿇고 조그만 손으로 쓰다듬기 시작했다. 아이들이 살아 있는 고양이나 개에게 하듯이. "불쌍한 고양이!"라고 말했고 다시 쓰다듬기를 계속했다.

"자!" 한참 후에 노파가 불렀다. "이제 그것으로 충분해, 오늘 너는 그 위에 앉아 있을 수 있어. 아마도 그 때문에 너의 아빠가 고양이를 죽였을 거야!" 그 다음에 그녀는 아이를 두 손으로 높이 들어서 등 없는 의자에 조심성 없이 앉혔다. 아이가 말없이 움직이지 않고 앉아 계속하여 그녀를 쳐다보자 그녀는 머리를 흔들기 시작했다. "당신이 그를 벌하고 있습니다. 아버지 하느님! 네, 네 당신이 그를 벌하고 계십니다!" 그녀가 중얼거렸다. 그러나 아이에 대한 연민이 그녀를 엄습한 것 같았다. 그녀의 뼈가 불거진 손으로 아이의 빈약한 머리카락을 쓰다듬었고 아이의 눈은 쓰다듬어주는 데서 오는 만족함을 드러내 보여주는 것 같았다.

그날부터 빈케는 매일 노파의 방으로 갔다. 그녀는 가자마자 앙고라 의자에 앉았고 트린 얀스는 아이에게 그녀가 늘 아껴두고 있는 작은 고기 조각이나 빵 조각을 그녀의 손에 주었고 이것을 바닥에 던지게 하였다. 그러면 갈매기 한 마리가 날카롭게 부르짖으면서 활짝 펼친 날개로 어느 구석에서 쏜살같이 튀어 나와 그것을 게걸스럽게 먹었다. 처음에 아이는 소스라치게 놀랐고 휘몰아치며 다가오는 커다란 새 앞에서 소리를 질렀다. 그러나 오래지 않아 익숙한 놀이가 되었고 아이가 작은 머리를 문틈으로 넣으면 새는 아이에게로 급히 다가갔고 아이의 머리나 어깨에 앉았다. 노파가 도와주려고 아이에게 와서 모이를 주기 시작할 때까지 트린 얀스는 어떤 사람도 손을 '크라우스'에게 뻗치는 것을 참지 못했는데 이제는 아이가 차차 새의 호감을 얻은 것을 너그럽게 바라보았다. 새는 기꺼이 아이에게 붙잡혔다. 아이는 새를 가지고 이리저리 다녔고 앞치마에 새를 쌌다. 언덕에서 노란 개가 그녀 주위를 돌고 새에게 질투를 느껴 뛰어 오르면 아이는 소리쳤다. "네가 아니야, 네가 아니야, 진주야!" 갈매기를 두 팔로 높이 들었고 새는 풀려나서 소리를 지르며 언덕을 넘어 날아갔다. 그러면 갈매기 대신에 개가 몸을 비벼대고 뛰어 오르면서 아이의 팔에 안기려고 애썼다.

우연히 하우케와 엘케가 동일한 결핍을 공동으로 지니고 있는 이 이상한 사총사를 보았다면 아마도 그들의 아이에게 부드러운 눈길을 던졌을 것이다. 그러나 그들이 돌아섰을 때 그들의 얼굴에는 각자가 외로이 짊어지고 있는 고통이 남아 있을 것이었다. 아직 서로가 속 시원히 털어놓지 못한 말이 있었기 때문이다. 어느 여름 오전에 빈케가 노파와 두 마리의 동물과 함께 곡물창고 문 앞의 커다란 돌 위에 앉아 있을 때 그녀의 부모가 그 앞으로 지나갔다. 제방감독관은 백마를 뒤에 끌고 팔 위에 고삐를 걸치고 있었다. 그는 제방에 나가 보려 했고 말을 소택지에서 자신이 제방까지 데리고 올라가려 했다. 그의 아내는 언덕에서 그의 팔을 끼고 있었다. 태양은 따뜻하게 비추었으며 거의 무더울 정도였다.

가끔 남동쪽에서 돌풍이 불었다. 아이에게는 그 자리가 편치 않아 보였다. "빈케도 같이 가!" 그녀는 소리치고 무릎에서 갈매기를 흔들어 날리면서 아버지의 손을 잡았다.

"그럼, 같이 가자." 그가 말했다.

엘케 부인이 말했다. "이 바람에요? 아이가 날아가 버리겠어요!"

"내가 꼭 잡고 있을게요. 그리고 오늘은 공기가 따뜻하고 파도가 아름다워요. 아이는 파도가 춤추는 것을 볼 수가 있을 거요."

그러자 엘케는 집으로 달려가서 목도리와 아이의 모자를 들고 왔다. "그런데 비바람이 불어오고 있어요." 그녀가 말했다. "빨리 떠나서 바로 돌아오세요."

하우케가 웃었다. "비바람이 우리를 붙잡지 못할걸요!" 그리고 아이를 안장 위 자기 앞에 앉혔다. 엘케 부인은 한동안 언덕에 머물러 손으로 햇빛을 가리면서 길을 내려가 제방을 향해 말을 타고 가는 두 사람을 지켜보았다. 트린 얀스는 돌 위에 앉아서 주름진 입으로 알아들을 수 없는 말을 중얼 거렸다.

아이는 아버지의 품에서 움직이지 않고 있었다. 아이는 뇌우가 오기 전의 후덥지근한 공기의 압박이 답답해서 거의 숨쉬기가 불편한 것 같았다. 그는 머리를 아이에게로 숙였다. "자, 빈케?" 그가 물었다.

아이는 한동안 아버지를 보았다. "아버지" 아이가 말했다. "아버지는 할 수 있어요! 아버지는 모든 것을 다 할 수는 없어요?"

"무엇을 내가 할 수 있어야 하지, 빈케?"

그러나 아이는 말을 하지 않았다. 아이는 자신의 질문을 이해하지 못한 것처럼 보였다.

밀물 때였다. 둘이 제방 위에 왔을 때 넓은 바다로부터 햇빛이 그녀의 눈에 반사 되었다. 회오리바람이 파도를 소용돌이치게 하면서 높이 올렸다. 그리고 새로운 파도가 뒤 따라와서 해변을 찰싹 때렸다. 그러자 아이는 고사리 손으로, 고삐를 쥐고 있는 아버지의 주먹을 불안스럽게 꽉 쥐자, 백마가 껑충 뛰어서 옆으로 갔다. 그녀의 창백한 푸른 눈이 놀라 아버지를 빤히 쳐다보았다. "물, 아버지! 물" 그녀가 소리쳤다.

그러나 그는 부드럽게 그녀가 꽉 잡은 손에서 벗어나면서 말했다. "가만히 너는 아버지와 함께 있어. 물이 네게 아무 일도 하지 않아!"

그녀는 이마의 흐릿한 금발 머리를 쓰다듬었고 바다를 한 번 더 쳐다보았다. "물은 나한테 아무 짓도 안 할 거야!" 그녀는 떨면서 말했다. "그래 안 할 거야, 말해. 물이 우리를 해쳐서는 안 된다고. 아빠는 그것을 할 수 있고 그러면 물은 우리를 해치지 않는다고!"

"나도 역시 물을 어떻게 할 수 없어. 애야" 하우케가 대답했다. "그러나 우리가 말을 타고 가고 있는 제방이 우리를 보호해 줄 거야. 그리고 제방을 계획하고 만들게 한 사람은 바로 너의 아버지야."

그녀는 마치 완전히 이해를 못한 듯이 그를 쳐다보았다. 그 다음에 그녀는 두드러지게 작은 머리를 아버지의 넓은 상의에 파 묻었다.

"왜 네가 숨지, 빈케?" 아버지가 그녀에게 귓속말을 했다. "아직도 여전히 무서워?" 그러자 떨리는 작은 목소리가 저고리 속에서 나왔다. "빈케는 안 보고 싶어요. 그런데 아버지는 뭐든 할 수 있어요, 그렇죠, 아버지?"

멀리서 천둥소리가 바람을 몰고 가까워 오고 있었다. "오" 하우케가 말했다. "여기 오네!" 그리고 말의 머리를 돌려서 가려고 했다. "이제 집에 계시는 어머니에게 가자!"

아이는 숨을 깊이 쉬었다. 그러나 그들이 언덕과 집에 도착했을 때에야 비로소 아버지의 가슴에서 머리를 들었다. 엘케 부인이 목도리와 모자를 방에서 벗겼을 때 그녀는 어머니 앞에 마치 말없는 장승처럼 서 있었다. "자, 빈케" 어머니가 말하고 그녀를 가만히 흔들었다. "너 큰 바다가 좋아?"

아이는 눈을 크게 떴다. "그것이 말해!" 아이가 말했다. "빈케는 무서워!"

"그것은 말은 안 해. 그것은 철썩철썩 소리를 내고 사납게 몰아치기만 해"

아이는 먼 곳을 쳐다보았다. "그것은 다리가 있어?" 아이가 다시 물었다. "그것은 제방을 넘어서 올 수가 있어?"

"아니야, 빈케, 아버지가 오지 않도록 살피고 계셔. 아버지가 제방 감독관이야."

"예," 아이가 말했고 바보 같은 미소를 지으며 작은 손으로 손뼉을 쳤다. "아버지는 모든 것을, 모든 것을 할 수가 있어요!" 그러고는 갑자기 어머니로부터 몸을 돌려서 아이는 소리쳤다. "빈케가 트린 얀스에게 가도록 해줘요. 그 여자는 빨간 사과를 가지고 있어요!"

그러자 엘케는 문을 열고 아이를 내 보냈다. 그녀가 문을 다시 닫았을 때 그녀는 깊은 슬픔을 나타내면서 남편을 향하여 눈을 돌렸다. 두 눈에서는 지금까지 그에게 도움이 되는 위로와 용기만이 나왔었다.

그는 그녀에게 손을 내밀고 둘 사이에는 더 말이 필요 없는 것처럼 그녀를 꼭 껴안았다. 그녀는 조용히 말했다. "아니에요, 하우케, 내가 말하도록 해주어요. 내가 결혼 후 수년 만에 어렵게 임신한 저 아이는 영원히 아이인 채로 남아 있을 거예요. 오, 하나님! 저 아이는 정신박약아예요. 나는 한 번은 당신에게 이 말을 해야만 해요."

"나도 오래 전에 알고 있었소." 하우케가 말했다 그리고 아내가 빼 내려고 하는 손을 단단히 잡았다.

"그래서 우리는 결국 우리 둘뿐이에요." 그녀가 다시 말했다.

그러나 하우케는 머리를 흔들었다. "나는 아이를 좋아하고 아이는 작은 팔로 나를 얼싸안고 꼭 껴안아 주어요. 나는 어떤 보물을 준다 해도 그 아이와 바꾸지 않을 것이오!"

아내는 우수에 잠겨 앞을 쳐다보았다. "그러나 왜지요?" 그녀가 말했다. "불쌍한 엄마인 내가 뭘 잘못했기 때문일까요?"

"그래, 엘케, 그것을 나도 역시 물어 보았어. 이것을 아는 유일한 분에게. 당신도 역시 전능하신 분도 인간에게 답을 줄 수 없다는 것을 알고 있을 거요. 아마도 우리가 답을 이해하지 못하기 때문일 거요."

그는 아내의 다른 손도 잡아서 부드럽게 그녀를 끌어 당겼다. "당신이 아이를 사랑하는 것을 방해 받지 않도록 해요. 아이가 이해하리라 믿어요!"

엘케는 남편의 가슴에 몸을 던져 가슴이 미어질 듯 울었으며 그녀의 슬픔은 이제 더 이상 혼자만의 것이 아니었다. 그녀는 그를 보고 갑자기 미소 지었다. 그의 손을 단단히 쥔 후에 그녀는 밖으로 뛰어가서 늙은 트린 얀스의 방에서 아이를 데리고 나와 그녀의 무릎에 앉혔다 그리고 키스를 하고 꼭 껴안았다. 빈케가 말을 더듬으면서 '어머니, 우리 어머니'라고 말할 때까지.

*

이렇게 제방감독관의 농장 사람들은 조용히 함께 살았다. 그 아이가 없었다면 삶은 훨씬 많이 쓸쓸했을 터였다.

점점 여름은 흘러갔다. 철새는 멀리 떠났고, 대기에는 종달새의 노래가 없었다. 곡물창고 앞에는 탈곡 후에 떨어진 낟알을 쪼아 먹던 새가 여기저기 날카롭게 외치면서 날아가는 소리가 들렸다. 벌써 모든 것이 다 심하게 얼어붙었다. 본채의 부엌에서 어느 날 오후 늙은 트린 얀스가 난로 가까이에 있는 다락으로 가는 계단의 나무 층계에 앉아 있었다. 노파는 지난 몇 주 동안 생기가 났다. 이제 그녀는 부엌에 와서 엘케 부인이 일하는 것을 볼 수 있었다. 꼬마 빈케가 그녀의 앞치마를 잡고 여기로 이끌고 온 이후 그녀의 다리로 여기 혼자 올 수 없다는 것은 더 이상 말이 안 되었다. 이제 아이는 그녀 옆에 무릎을 꿇고 조용한 눈으로 화덕 아궁이의 타오르는 불꽃을 쳐다보았다. 조그만 손으로 아이는 노파의 소매를 꼭 붙들고 다른 손은 자기의 흐릿한 금발머리를 잡았다. 트린 얀스가 이야기 했다. "너는 알지. 나는 너의 증조부 집에서 하녀로 일을 했고 돼지를 사육해야만 했어. 그는 다른 모든 사람보다 훨씬 영리했어. 끔찍하게 오래 전 일이야. 달이 비치는 어느 날 밤에 사람들이 수문을 닫아서 그녀는 바다로 돌아갈 수가 없었어. 오, 그녀는 많이 울었고 물고기의 손으로 딱딱하게 헝클어진 머리카락을 잡았어! 그래, 애야. 나는 그것을 보았고 그녀의 울음소리를 들었어. 목초지 사이의 수로는 모두 물로 가득 찼어. 그리고 달빛이 그 위에 비쳤어. 수로가 은빛으로 반짝였단다. 그녀는 하나의 수로에서 다른 수로로 헤엄치고는 팔을 들고 손뼉을 쳤어. 그녀가 기도를 하고 있으면, 사람들은 그 소리를 멀리서도 들을 수 있었어. 그러나 애야, 이 동물은 기도를 할 수가 없단다. 나는 문 앞에 건축에 쓸려고 놓아둔 각목 위에서 멀리 목초지를 보고 있었단다. 그리고 그 인어는 여전히 수로에서 수영을 하고 있었고 인어가 팔을 들면 은과 다이아몬드처럼 반짝거렸단다. 마지막에 나는 그 인어를 더 이상 볼 수 없었지. 그 후 듣지도 못했던 들거위와 갈매기가 지저귀고 꽥꽥 울면서 다시 날아 왔단다."

노파는 침묵했다. 아이는 한마디 했다. "인어도 기도할 수 있어요?" 그녀가 물었다. "뭐라고 말했어요? 그 여자는 누구예요?"

"애야" 노파는 말했다. "인어란다. 그들은 천국엘 갈 수 없는 요정 같은 생물이란다."

"천국엘 못 간다고요?" 아이가 반복했다. 마치 그 말을 이해하는 것처럼 깊은 한숨이 조그만 가슴을 들어 올렸다.

"트린 얀스!" 부엌문으로 깊은 목소리가 흘러 나왔다. 그러자 노파는 가볍게 움찔했다. 좁고 비스듬한 책상에 기대어 서 있던 제방감독관 하우케 하이엔의 말이었다. "당신은 아이에게 무엇을 말해 주고 있어요? 내가 당신에게 케케묵은 옛날이야기는 혼자 지니고 있거나 거위나 닭에게 말해주라고 하지 않았나요?"

늙은 여자는 화가 난 눈길로 그를 쳐다보고 아이를 자신에게서 떼어 놓았다. "그것은 케케묵은 옛날이야기가 아니라우." 그녀가 혼자서 중얼거렸다. "그것은 내 종조부가 내게 말해 준 거구만."

"당신의 종조부라고, 트린? 당신은 바로 지금 자신이 그것을 보았다고 말했어요."

"그것은 마찬가지에요." 노파가 말했다. "당신은 내 말을 믿지 않아요, 하우케 하이엔. 당신은 내 종조부를 거짓말쟁이로 만들려고 해요!" 그 다음에 그녀는 화덕에 더 가까이 옮겨 갔고 아궁이에서 나오고 있는 불꽃 위로 손을 뻗었다.

제방감독관은 창문으로 눈을 돌렸다. 바깥은 아직도 땅거미가 지지 않았다. "이리 와, 빈케!" 그가 말하고 정신박약아인 아이를 자기에게로 끌어 당겼다. "나랑 같이 가자, 내가 너에게 제방 너머에서 뭔가를 보여주려고 해! 우리는 걸어가야만 해. 백마는 대장간에 가 있어." 그는 그녀와 함께 거실로 갔고 엘케가 두꺼운 털목도리를 아이의 목과 어깨에 둘러 주었다. 잠시 후에 딸과 아버지는 구 제방 위에서 북서쪽으로 걸어갔다. 예베르스잔트를 지나 밀물 때 물에 잠기는 모래톱이 넓게 펼쳐져 거의 헤아릴 수 없이 넓어진 곳까지 갔다.

때때로 그는 팔에 그녀를 안고 걸었으며 때로는 손을 잡고 걸었다. 땅거미로 차차 어두워졌다. 멀리서 모든 사물이 증기와 먼지 속에서 사라졌다. 그러나 아직 눈이 닿는 곳에는 보이지 않게 수위가 높아진 모래톱의 조류가 얼음을 갈기갈기 찢었다. 그리고 하우케 하이엔이 어린 시절에 한 번 보았던 것처럼 틈 사이로 그 당시와 같이 연기처럼 해무(海霧)가 올라오고 있었다. 그리고 그 옆을 따라서 다시 기분이 나쁜 바보 같은 형상이 나타나고 형상들은 서로 인사하면서 껑충껑충 뛰었고. 절을 하고 갑자기 무섭게 늘어났다.

아이는 겁에 질려 아버지에게 꼭 매달렸고 손으로 작은 자기 얼굴을 가렸다. "바다—악마!" 그녀는 떨면서 그의 손가락 사이로 중얼거렸다. "바다—악마들!"

그는 머리를 흔들었다. "아니야, 빈케, 인어도 바다 악마도 아니야. 그런 것은 없단다. 누가 네게 그런 말을 했니?"

그녀는 흐릿한 눈으로 그를 올려다보았다. 그러나 대답을 하지 않았다. 그는 부드럽게 그녀의 뺨을 쓰다듬었다. "다시 봐!" 그가 말했다. "저것은 단지 불쌍하고 배고픈 새들이야! 이제 저 큰 새가 날개를 어떻게 활짝 펼치는지를 봐. 새들은 안개가 올라오고 있는 틈새에서 물고기를 잡고 있어.

"물고기를" 빈케가 반복했다.

"그래, 애야, 그들 모두는 살아 있단다. 우리들처럼. 더 이상 다른 것은 없단다. 그리고 하나님은 모든 곳에 계셔!"

어린 빈케는 눈을 땅에 고정시켰고 숨을 멈추었다. 마치 그녀가 깜짝 놀라서 깊은 심연을 들여다 본 것 같았다. 아마도 그녀가 그렇게 하는 것일 뿐일 수도 있었다. 아버지는 오랫동안 그녀를 쳐다보았고 몸을 굽혀서 그녀의 작은 얼굴을 보았으나 닫힌 영혼은 어떤 동요도 드러내지 않았다. 그는 그녀를 팔로 들어 올려 그녀의 뻣뻣해진 손을 자신의 두터운 털장갑 속으로 집어넣었다. "자, 우리 빈케" 그러나 아이는 명백히 그의 말 속의 강렬한 진심어린 어조를 느끼지 못했다. "내 품 속은 따뜻해! 너는 우리 아이이고, 우리 유일한 아이란다. 그리고 너도 우리를 사랑해!……" 그 남자의 목소리가 갈라졌다. 그러나 작은 아이는 머리를 부드럽게 그의 텁수룩한 수염에 대고 눌렀다.

이렇게 그들은 평온하게 집으로 갔다.

*

새해가 된 후에 다시 한 번 우환이 집안에 생겼다. 제방감독관이 말라리아에 걸렸다. 죽음 직전까지 갔으며 엘케 부인의 정성 어린 간호와 보호아래 회복 된 후에 동일한 사람처럼 보이지 않았다. 신체적인 피로가 그의 정신에도 마찬가지로 부담을 주었으며 엘케는 그가 매사에 거의 흥미를 느끼지 않는 것을 걱정스럽게 생각했다. 그럼에도 불구하고 삼월 말이 될 무렵 백마를 타고 병 후 처음으로 그는 제방을 따라 가고 싶은 마음이 생겼다. 오후였고 오전에 비추었던 해가 벌써 다시 안개 뒤에 숨어 있었다.

겨울 동안 예닐곱 번의 범람이 있었다. 그리 심각하지는 않았다. 단지 저편 건너 바닷가 할리히 섬에서 양떼가 익사했고 제방 앞쪽의 땅이 유실되었다. 그러나 새로운 간척지에는 이렇다 할 만한 피해가 생기지 않았다. 지난밤에는 더 강한 폭풍이 사납게 몰아쳤다. 이제 제 방감독관이 나가서 모든 사정을 자신의 눈으로 시찰해야만 했다. 이 미 남동쪽 모퉁이에서 시작하여 새 제방으로 말을 타고 돌아갔다. 모 든 것이 잘 보존되어 있었다. 그러나 그가 북동쪽 모퉁이에 왔을 적에 그곳은 새 제방과 구 제방이 합치는 장소인데, 새 제방은 온전하였지 만, 이전에 개펄의 물줄기가 구 제방에 닿아서 제방을 따라 흘렀던 장 소에, 땅에 바싹 붙어 자라는 잔디가 넓게 파손되고 쓸려간 것을 보 았다. 상황이 더 나쁘려니까 제방의 본체에서 범람 때문에 파 뒤집혀 진 구덩이 속에는 쥐의 통로가 복잡하게 헝클어져 노출되어 있었다. 하우케는 말에서 내려 가까운 곳의 피해를 조사했다. 쥐에 의한 피해 는 보이지 않게 계속 이어질 것 같아 보였다.

그는 매우 놀랐다. 새 제방을 건립할 때 이 모든 일에 대비하여 조 치가 취해졌어야만 했었다. 그때 간과하였기 때문에 지금 이런 사태 가 벌어진 것이다. 가축은 아직도 목초지에 돌아가지 못했고 풀은 이 례적으로 빈약했으며 그가 쳐다보는 곳의 풍경은 텅 비고 황량했다. 그는 다시 말에 올라 바닷가에서 앞으로 달렸다. 썰물이었다. 조류가 개펄의 새 바닥을 쓸어 내가더니, 이제는 북서쪽에서 구 제방과 부딪 치는 모습을 보게 되었다. 그러나 새 제방은 그가 알기로는 부드러운 경사면 때문에 그 충돌을 견딜 수 있었다.

새로운 노고와 많은 괴로움의 덩어리가 제방감독관의 마음의 눈 앞에 쌓였다. 구 제방은 이곳을 강화해야할 뿐만 아니라 측면도 새 제방의 측면같이 보수해야 한다. 특히 다시 위험하게 드러난 개펄의 수로는 댐이나 방파제를 새로 만들어 흐름을 바꾸어야 했다. 다시 한 번 더 그는 말을 타고 멀리 북서쪽 모퉁이까지 새 제방을 따라 갔다가 되돌아서 새로 씻겨나간 진흙 바닥에 또렷이 드러난 수로에 눈을 고정시키면서 갔다. 말은 빠른 걸음으로 씩씩거리고 앞발의 편자를 땅에 박으며, 앞으로 나가려고 했다. 그러나 말을 탄 사람은 말을 자제시키며 천천히 가려고 했는데, 더 큰 이유는 항상 그의 내부에서 끓어오르는 불안을 억제시키고 싶었기 때문이었다.

만일 재산과 인명을 셀 수도 없이 삼켜버린 1655년 같은 해일이 온다면, 전에 이미 여러 번 왔던 바 있던 그 해일이 온다면! 말을 탄 사람은 오싹한 기분을 느꼈다. 구 제방은 그것에 부딪히는 충격을 견디지 못하리라! 무엇이 어떤 일이 일어 날것인가? 다만, 그 와중에서도 구 제방과 재산과 생명을 구하기 위한 방법은 있을 것이다. 하우케는 자신의 심장이 멎는 것을 느꼈다. 그의 차분한 머리가 핑 돌았다. 그는 소리 내어 말하지 않았지만 그의 내부의 소리는 충분히 크게 말했다. 너의 제방, 하우퀜 하이엔의 간척지는 포기해야 하고 새 제방은 무너뜨려야 할 것이다.

상상 속에서 만조가 왈칵 들이 닥쳐 풀과 토끼풀이 소금기 있는 거품으로 덮힌 것을 볼 수 있었다. 그는 백마의 옆구리에 박차를 가하고 고함을 지르면서 제방 위를 따라 길 아래로 내려가 자신의 집으로 향했다.

내적인 공포와 정리되지 않은 계획으로 가득 찬 머리로 그는 집에 왔다. 안락의자에 몸을 던졌고 엘케가 딸을 데리고 방에 들어오자 그는 다시 일어나서 아이를 높이 올려서 입을 맞추었다. 다음에 그는 살짝 때려 개를 쫓았다. "나는 한 번 더 여관에 가야겠어요!" 그는 말하고 조금 전에 걸어 두었던 문의 옷걸이에서 모자를 집었다.

그의 아내가 걱정스럽게 그를 쳐다보았다. "거기서 뭘 하려고요? 곧 밤이 될 텐데요, 하우케!"

"제방 문제요!" 그는 혼자서 중얼거렸다. "거기서 제방 에이전트 몇 사람을 만나려고요."

그녀는 그의 뒤를 따라가서 그의 손을 잡았다. 왜냐하면 그는 이 말을 하고 벌써 문으로 나갔기 때문이었다. 모든 것을 항상 홀로 생각하고 끝내는 하우케 하이엔이 지금 이전에는 거의 토의에 포함 시킬 가치가 있다고 여기지 않았던 사람들에게서 한마디를 몹시 듣고 싶어 하고 있었다. 식당에서 그는 제방 에이전트 두 사람과 간척지에서 온 한 사람과 함께 카드놀이 탁자에 앉아 있는 오레 페테르스를 만났다.

"밖에 나갔다 오는가 보군, 제방감독관?" 오레가 말하고 반쯤 나눈 카드를 집어서 다시 아래로 내려놓았다.

"그래요, 오레" 하우케가 대답했다. "내가 그곳에 갔다 왔는데 상황이 안 좋아요." 하우케가 대답했다.

"안 좋다니? 이제 이삼백 개의 뗏장과 더불어 밀짚 제방 보강이 아마 필요할거요. 나도 오후에 그곳에 갔어요."

"그렇게 수월하게 진행될 것 같지 않아요. 오레" 제방감독관이 대답했다." 개펄의 수로가 다시 생겼고, 이제 북쪽 구 제방과 부딪치지 않는 다 해도, 수로는 북서쪽 제방과 부딪힐 것이오."

"당신은 그것을 있던 자리에 그대로 두었어야 했어요!" 오레가 퉁명스럽게 대답했다.

"그 말은" 하우케가 이의를 제기했다. "새 간척지는 당신과는 전혀 상관이 없고 그렇기 때문에 존재해서는 안 된다는 얘기로군. 그것은 당신 자신의 잘못이오! 그러나 우리가 구 제방을 보호하기 위하여 낮은 제방[10]을 만들어야 한다면 새 제방 뒤의 토끼풀은 그것을 보상하는 것이 될 것이오!"

"무슨 말을 하고 있소, 제방감독관?" 제방 에이전트들이 소리쳤다. "낮은 제방요? 얼마나 많이요? 당신은 모든 것을 가장 비싼 비용으로 해결하고 싶어 해요."

카드는 손도 대지 않은 채 탁자에 펼쳐 있었다. "나는 이것을 말하고 싶어, 제방감독관" 오레 페테르스가 말했다 그리고 두 팔을 뻗었다. "네가 우리들에게 선물한 새 간척지는 돈만 잡아먹고 있어! 아직도 우리 모두 너의 넓은 제방의 부담스러운 경비에 힘들어 하고 있어. 이제 새 제방은 우리들의 구 제방도 먹어 치우고 있고 우리들은 그것을 수리해야만 하다니! 다행히도 그것은 그 정도로 나쁘지 않았으니 이번에 그것을 유지하고 미래에 수리해야 할 것이오. 내일 다시 백마를 타고 한 번 더 가 봐요!"

---

10. 간척지를 얻기 위해 축조한 낮은 제방

하우케는 자신의 집 평화로운 분위기에서 여관으로 왔다. 그가 직전에 들었던 온건한 말 뒤에 놓여있는 것은—그는 그것을 오해할 수 없었는데—끈질긴 반대였다. 그에게는 반대로 옛날의 패기도 없는 듯 했다. "네가 충고한 대로 해야지, 오레." 그가 말했다 "내가 두려운 것은 오늘 보았던 것을 그대로 다시 보게 될 것 같아서야. —"

낮이 지난 후에 불안한 밤이 뒤따랐다. 하우케는 베게 위에서 잠들지 못하고 뒤척였다. "무슨 일 이에요?" 남편에 대한 걱정 때문에 잘 수가 없었던 엘케가 물었다. "만일 뭔가가 당신을 괴롭히면 그것에 관하여 내게 말해요. 우리는 항상 그렇게 해왔잖아요!"

"대수로운 일이 아니야, 엘케!" 그가 대답했다. "제방에, 수문에 수선해야 할 것이 있어. 당신도 알고 있잖아. 내가 밤에도 곰곰이 생각하는 걸." 더 이상 그는 아무 말도 하지 않았다. 그는 행동의 자유를 유지하고 싶었다. 무의식중에 아내의 뚜렷한 통찰력과 강인한 정신은 그에게는 현재와 같은 취약한 상황에서는 본의 아니게 피해야 하는 장애물로 여겨졌다.

다음 날 오전 그가 다시 제방으로 나갔을 때 세상은 그 전날 발견했던 것과는 달랐다. 게다가 다시 썰물이었지만 낮은 아직도 정오 전이었고 밝은 봄의 태양은 햇빛을 거의 수직으로 모래톱에 떨어뜨리고 있었다. 하얀 갈매기가 이리저리 조용히 날고 있었고 그들 위로 보이지 않게 푸른 하늘 아래 종달새가 영원한 멜로디를 노래하고 있었다. 자연이 우리를 어떻게 매혹적으로 속일 수 있는지를 모르는 하우케는 제방의 북서 모퉁이에서, 그를 어제 그렇게 놀라게 했던 수로의 새로운 바닥을 찾고 있었다. 그러나 중천에서 쏟아지는 햇빛 때문에 처음에는 전혀 볼 수가 없었다. 그가 눈을 멀게 하는 광선을 손으로 가려 그림자를 드리운 후에야 그것을 제대로 볼 수 있었다. 그럼에도 불구하고 어제 땅거미가 질 무렵엔 그림자가 그를 속였음에 틀림없었다. 수로의 바닥은 이제 단지 희미하게 드러났다. 언뜻 보기에는 쥐가 야기한 피해는 홍수가 제방에 유발한 피해보다 더 많았음에 틀림없었다. 물론 보강은 이루어져야 했다. 조심스럽게 파헤쳐, 오레 페테르스가 말했듯이 싱싱한 잔디 뗏장과 몇 루텐[11]의 짚으로 보강하면 피해를 복구할 수 있을 것이었다.

"그렇게 나쁘지는 않았어." 그는 마음이 가벼워져서 혼자 말했다. "내가 어제 바보짓을 했지!"

그는 제방 에이전트를 소집했고 일은 반대 없이 결정되었다. 이런 일은 지금까지 한 번도 없었다. 제방감독관은 아직도 약해진 신체에 기운을 돋우는 편안함이 퍼지는 것을 느꼈다. 그리고 몇 주 후에 모든 것이 집행되었다.

시간이 더 많이 지날수록, 새로 놓은 잔디가 더 활발히 짚의 덮개 사이로 올라올수록, 하우케가 이 장소를 걷거나 말을 타고 지나갈 때면 불안은 더욱 커졌다. 그는 눈을 다른 쪽으로 돌리고 제방의 안쪽에서 힘들여 말을 탔다. 한두 번 거기에 가야 했을 때는 말을 마구간

---

11. 2.8-5.3미터 길이

에 놓아두고, 그는 남의 눈에 띄지 않게 재빨리 집을 나가, 딱히 할 일도 없는 그곳으로 걸어서 갔다. 그리고 되돌아 왔다. 기분 나쁜 지점을 새삼 쳐다보지 못해 마지막에는 손으로 모든 것을 다시 헐어버리고 싶어졌다. 왜냐하면 마음에 자리 잡은 양심의 가책처럼 제방의 그 부분은 눈앞에 놓여 있었다. 자신의 손으로는 그곳을 더 이상 건드릴 수 없었고 누구와도 그의 아내에게까지 그것에 관하여 말을 할 수 없었다. 이렇게 구월이 왔다. 밤이면 폭풍우가 사납게 몰아쳤고 마지막에는 북서방향으로 갑자기 방향이 바뀌었다. 이후 어느 흐린 날 오전에, 썰물 때 하우케는 제방 위로 말을 타고 나갔다. 그리고 그가 물에 잠기는 모래톱을 둘러보다 북서쪽에서 갑자기 이전보다 더 뚜렷하고 더 깊게 유령 같은 수로바닥이 파헤쳐져 있는 것을 보았다. 그는 눈을 크게 뜨고 보았지만 더 이상 사라지지 않았다.

집에 들어 서자 엘케가 그의 손을 잡았다. "무슨 일이죠, 하우케?" 그의 침울한 안색을 보면서 그녀가 물었다. "새로운 불행의 시작은 아니겠지요? 우린 지금 너무 행복해요. 당신이 모든 사람과 화목하다는 것을 느끼겠어요!"

그러나 이 말에 그는 혼란스런 두려움을 드러낼 말을 찾지 못했다.

"아니야, 엘케," 그가 말했다. "나에게는 적은 없어. 내 직책은 하나님이 만드신 바다로부터 우리들의 공동체를 보호하는 일이야.

그는 사랑하는 아내의 계속되는 질문을 피하기 위하여 그녀의 팔에서 몸을 느슨하게 했고 마구간과 헛간으로 갔다. 마치 그가 모든 것을 점검해야 하는 것처럼. 그러나 그의 눈은 주위의 아무것도 보지 않았다. 단순히 양심의 가책을 가라앉히려고, 그리고 그것들은 병적인 과도한 공포일뿐이라고 자신을 설득하려 애썼다.

"그 해 즉, 내가 당신에게 설명했던 그 년도는," 한참 후에 교장 선생이 말했다. "1756년이었어요. 이 지역에서 결코 잊히지 않을 해입니다. 하우케 하이엔의 집에 죽은 사람이 생겼어요. 구월 말에 거의 아흔 살인 트린 얀스가 큰 곡물창고를 비워서 만든 방에서 죽음을 기다리고 있었다. 그녀의 희망에 따라 베개에 똑바로 앉혔다. 그녀의 눈은 작고 납으로 테두리를 한 유리창을 통하여 먼 곳을 보았다. 하늘에는 짙은 공기층 위에 더 옅은 공기층이 있을 것이다. 수평선이 약간 높이 있었기 때문이다. 순간 바다가 마치 반짝거리는 은빛처럼 반사하여 제방 위쪽으로 올라갔다. 그리하여 그것은 좁은 방안을 희미하게나마 비추었고 더욱이 예베르스잔트의 남쪽 끝이 보였다.

침대 끝에 어린 빈케는 웅크리고 앉아서 한 손은 옆에 서 있는 아버지의 손을 꽉 잡고 있었다. 죽어가는 사람의 얼굴에는 죽음이 바로 새겨 졌다. 그리고 아이는 숨도 쉬지 않고 아름답지 않지만, 그녀에게 친숙한 얼굴의 이해할 수 없는 변화를 뚫어지게 보았다.

"그녀는 뭘 하고 있어요? 저것은 무엇이죠, 아버지?" 아이는 불안해하면서 속삭였다. 자신의 손톱을 아버지의 손바닥에 찔러 넣었다.

"그녀는 죽어 가고 있어," 제방감독관이 말했다.

"죽어 가고 있어!" 아이가 반복했고 혼란스러운 생각에 빠진 것 같았다.

그러나 노파는 한 번 더 입술을 움직였다. "인스! 인스!" 그리고 비명이 도움을 청하는 소리처럼 목에서 터져 나왔고 그녀의 뼈만 남은 팔은 바다가 반짝 반사되는 지점을 향하여 쭉 뻗었다. "살려 줘! 살려 줘! 물에 떠 다녀…… 신이여 다른 사람에게 자비를 주소서!"

팔이 내려오고 침대 프레임이 낮게 삐걱거리는 소리가 들렸다. 그 여자는 더 이상 산 사람이 아니었다. 아이는 깊은 한숨을 쉬었고 희미한 눈으로 아버지를 쳐다보았다. "아직도 그녀는 죽어 가고 있어요?" 아이가 물었다.

"그녀는 일을 끝냈단다." 제방감독관은 말하고 아이를 팔에 안았다. "그녀는 이제 우리에게서 멀어져 하나님과 함께 계셔."

"하나님과 함께!" 아이가 반복했고 한참 아무 말이 없었다. 마치 그 말의 의미를 곰곰이 생각해야만 하는 것처럼. "하나님과 함께 있는 것은 좋아요?"

"물론, 최고로 좋아." 하우케의 내면에는 죽어가는 사람의 마지막 말이 무겁게 울려 퍼지고 있었다. "신이여 다른 사람에게 자비를 주소서!" 이 말이 그의 내면에서 조용히 메아리쳤다." 무엇을 그 늙은 노파가 원한 걸까? 그것은 죽어가는 사람들의 예언일까?"

트린 얀스가 교회 옆에 묻힌 후에 곧 사람들은 온갖 종류의 재해와 이상한 벌레에 관하여 큰 소리로 떠들기 시작했다. 그것은 북 프리즐란트의 사람들을 두려워하게 만들었다. 확실한 것은 부활절 이전 세 번째 일요일에 회오리바람이 교회의 뾰족 탑 위의 금빛으로 만들어진 풍향계의 닭을 떨어뜨렸다는 사실이다. 한 여름에 큰 벌레가 하늘에서 눈처럼 떨어져서 사람들은 감히 눈을 뜨지 못했다는 것도 사실이었다. 그 후 목초지 위에 그것이 한 뼘이나 쌓여 있었다. 그리고 이런 일은 전에는 본 적이 없었다. 구월 말 즈음 수석 일꾼이 옥수수를 들고 하녀인 안 그레테는 버터를 가지고 읍내의 시장으로 나갔다. 그리고 그들이 마차를 내릴 때 얼굴은 공포로 하얗게 질려 있었다. "무슨 일이야? 무슨 일이 생긴 거야?" 마차가 들어오는 소릴 들은 다른 하녀들이 달려 나왔다.

나들이옷을 입은 안 그레테가 넓은 부엌으로 숨이 멎을 듯 들어왔다. "이제, 말해봐!"

하녀들이 다시 소리쳤다. "무슨 일이 일어났어?"

"오, 주 예수님이시여 우리를 구원하소서!" 안 그레테가 소리 쳤다. "너희들 알잖아. 저쪽 바다 건너 지젤 호프 농장에서 온 나이든 마리켄 말이야. 우리들은 버터가 있는 바구니를 가지고 내내 약국 모퉁이에 함께 서 있었어. 그 여자가 내게 말을 했어. 그리고 이벤 욘스도 역시 말했어. "재앙이 있을 거래! 북 프리즐란트 전체에 재앙이 있을 거래, 안 그레테, 내 말을 믿으라고 했어." 그리고 그녀는 목소리를 낮추었다. 제방감독관의 백마는 나중에 미치게 된대!"

"쉬, 쉬!" 다른 하녀들이 속삭였다.

"그래, 그래, 내가 조심할게! 그러나 저쪽 바다 건너편에는 모든 일이 우리보다 훨씬 나빠! 파리와 무서운 벌레만이 아니라 피가 하늘에서 비처럼 떨어졌대. 그리고 일요일 아침에 목사님이 세숫대야를 들어 올리자 그 밑에 완두콩만한 다섯 개의 해골이 있었다나. 그리고 모든 사람들이 가서 보았다고 해. 팔월에 끔직한 빨간 머리 유충이 온 땅에서 꿈틀대었고 옥수수, 밀 ,빵과 그것들이 찾아낸 모든 것을 먹어 치웠대요. 그리고 어떤 불을 가지고도 그것을 박멸할 수가 없었네요."

갑자기 안 그레테가 이야기를 중단했다. 다른 하녀의 누구도 그 집 여주인이 부엌으로 들어 온 것을 눈치 채지 못했다. "무슨 잡답을 하고 있는 거예요?" 그녀가 물었다. "주인에게는 이 일이 귀에 들어가지 않도록 해요!" 그리고 그들 모두가 조금 전에 들었던 이야기를 하려고 할 때 "그럴 필요는 없고 충분히 들었어요. 일을 다시 시작하세요. 그러는 것이 당신들에게 더 많은 축복을 내릴 겁니다!"라고 말한 다음 그녀는 안 그레테를 데리고 거실로 가서 시장거래에서 나온 수익을 계산하였다.

그렇게 제방감독관의 집에서는 미신적인 이야기가 통용되지 못했다. 그러나 나머지 집에서는 밤이 길어질수록 더 쉽게 더 많이 파고들었다. 무거운 공기가 도처에서 감지되었다. 그리고 남몰래 사람들은 재앙에 관하여 북 프리즐란트에 내리게 될 심각한 재앙에 대하여 말하였다.

만성절 전, 시월이었다. 낮 동안 내내 심한 폭우가 남서쪽에서 불어 왔다. 저녁에 반달은 하늘에 걸려 있었고 어두운 갈색 구름이 빠르게 지나쳐 흘러갔다. 그리고 그림자는 땅 위를 비치는 흐릿한 빛과 번갈아 놓여 있었다. 폭풍우가 확대되고 있었다. 제방감독관의 식당에는 아직도 빈 접시가 식탁에 놓여있었다. 농장 일꾼들은 가축을 돌보

느라 마구간에 있었다. 하녀들은 집과 다락방에서 폭풍우의 피해를 입지 않도록 문과 통풍창이 잘 닫혔는지를 알아보라는 지시를 받았다. 안에서는 하우케가 아내 옆 창가에 서 있었다. 그는 제방에 다녀온 후에 저녁을 급히 먹었다. 그는 오후에는 상당히 빨리 걸어 나가서 점토나 흙으로 가득 찬 자루와 날카로운 말뚝을 제방이 약해 보이는 장소에 여기 저기 모아 놓게 했다. 밀물이 제방을 파헤치면 말뚝을 땅에 때려 박고 자루로 제방을 쌓기 위하여 곳곳에 사람들을 세워 놓았다. 사람들 대부분을 그는 옛 제방과 새 제방이 마주치는 북서쪽의 모서리에 세워 두었다. 그들은 비상시에만 지시를 받은 장소에서 떠날 수 있었다. 이 모든 것을 그는 그대로 유지했다. 왜냐하면 겨우 십오 분도 채 안 되어서 온몸이 젖고 머리는 뒤 엉클어져서 집에 도착했기 때문이다. 그리고 이제 납으로 틀을 짠 유리창을 달그락거리는 돌풍의 소리를 들으면서 멍하게 폭풍우가 치는 어둠 속을 응시했다 벽시계는 유리 문 뒤에서 바로 여덟 시를 쳤다. 어머니 옆에 서 있던 아이는 달려들어 얼굴을 어머니의 옷에 묻었다. "크라우스!" 아이가 울면서 소리쳤다. "내 크라우스는 어디 있어요?"

아이는 질문을 할 만했다. 갈매기는 작년과 같이 올겨울에 남쪽으로 날아 가지 않았다. 아버지는 흘려들었지만 엘케는 아이의 팔을 잡았다. "크라우스는 곡물 창고에 있어" 그녀가 말했다. "그곳에 따뜻하게 앉아 있어."

"왜?" 빈케가 물었다. "그곳이 좋아요?"

그럼, 좋지."

집 주인은 여전히 창가에 서 있었다. "우리는 더 이상 기다릴 수가 없어요, 엘케!" 그가 말했다. "하녀 중 한 사람을 불러요. 폭풍우는 창유리를 밀어 붙일 것이요. 덧문은 닫고 빗장을 질러 잠가야 해요!"

안주인의 지시로 하녀가 밖으로 나갔다. 방에서 밖을 내다보자 그녀의 치마가 날리는 것을 볼 수 있었다. 그녀가 꺽쇠를 풀자 폭풍우는 덧문을 그녀의 손에서 잡아채었고 창문에 그것을 내동댕이쳤다. 유리창 몇 개가 산산 조각이 나서 방안으로 날라 들었고 램프 중 하나가 자욱하게 연기가 일면서 불이 꺼졌다. 하우케 자신이 도우려고 밖으로 나가야 했다. 그리고 어렵게 덧문을 하나씩 창문 앞에서 묶었다. 그들이 집으로 다시 들어오면서 문을 열어젖히자 돌풍이 뒤를 쫓아 와서 그릇장의 유리와 은을 뒤섞어 덜커덩거리게 했다. 머리 위에서는 들보가 흔들리면서 쾅하는 소리를 냈다. 마치 폭풍우가 지붕을 벽에서 떼어내려고 하는 것 같았다. 그러나 하우케는 방으로 다시 되돌아가지 않았다. 엘케는 그가 현관을 통하여 마구간으로 가는 것을 들었다. "백마를! 백마를! 욘! 빨리!" 그렇게 그가 말하는 소리를 그녀는 들었다. 그는 다시 방으로 왔다. 머리는 헝클어졌지만 회색의 눈을 반짝이면서, "바람이 방향을 바꾸었어!" 그가 소리 쳤다. "북서쪽으로 그리고 물은 한 사리[12] 때보다 반 정도 높아! 바람은 없지만 우리는 이 같은 폭풍우를 겪어 본 적이 없어!"

엘케는 죽은 사람처럼 창백해졌다. "당신이 다시 나가야 한다고

---

12. 음력 매달 보름과 그믐 때, 조수가 가장 높이 들어오는 때

요?"

그는 그녀의 양 손을 거의 순간적으로 꽉 쥐었다. "그래야만 해요, 엘케."

그녀는 천천히 짙은 색깔의 눈으로 그를 올려다보았고 이삼 초 동안 서로를 바라보았다. 그 순간은 영원처럼 여겨졌다. "네, 하우케." 아내가 말했다 "잘 알아요. 당신은 가야만 해요!"

대문 밖에서 소리가 들렸다. 그녀는 팔로 그의 목을 감쌌다. 그 순간 그녀는 그를 놓아 보낼 수 없을 것 같았다. "이것은 또한 우리들의 싸움이오!" 하우케가 말했다." 당신은 여기가 안전해요. 이 집까지는 아직 밀물이 올라오지 않고 있어요. 신에게 기도해 줘요, 하나님이 우리와 함께 하시기를!"

하우케는 몸을 망토에 감싸고 엘케는 목도리로 그의 목을 조심스럽게 둘러주었다. 그녀는 한마디라도 하려고 하였으나 몸이 떨려 말이 나오지 않았다. 밖에는 백마가 힝 소리를 내며 울고 있었다. 그것은 트럼펫 소리처럼 폭풍우가 쏴쏴 몰아치는 소리 속으로 울려 퍼졌다. 엘케는 남편과 함께 밖으로 나갔다. 오래된 물푸레나무가 산산조각 찢어질듯 삐걱거렸다. "올라타세요, 주인님!" 하인이 소리쳤다. "백마가 미친 것 같아요. 고삐를 떼어 버릴 수도 있겠어요." 하우케는 그의 아내를 안았다. "동이 트면 다시 여기 돌아와 있을 것이오!"

벌써 그는 말을 탔고 말은 앞 발을 높이 쳐들었다. 마치 전쟁 속으로 달려드는 전투마처럼 말을 탄 사람과 함께 언덕 아래로 밤의 폭풍우가 끊임없이 울부짖는 속으로 질주했다. "아버지, 우리 아버지!" 슬퍼하는 아이의 목소리가 그의 뒤에서 소리쳤다. "사랑하는 우리 아버지!"

빈케는 어둠 속에서 말을 타고 떠난 아버지를 뒤쫓아 달려갔다. 그러나 백 걸음 정도 가서 아이는 흙더미에 부딪혀 비틀거렸고 넘어졌다.

농장 일꾼인 이벤 욘스가 울고 있는 아이를 어머니에게 데려다 주었다. 엘케는 머리 위에서 나무 가지를 세차게 휘두르고 있는 물푸레나무의 기둥에 기대어서 멍하니 남편이 사라진 어두운 밤을 응시하고 서 있었다. 폭풍우의 소리와 바다가 멀리서 철썩이는 소리가 한순간 사라지자 그녀는 놀라서 움찔했다. 모든 일이 그녀에게는 그 사람만을 파괴하려고 작정한 것같이 여겨졌고 그를 사로잡기만 하면 갑작스레 멈출 것 같았다. 그녀의 무릎이 떨렸고 폭우는 그녀의 머리를 풀게 하고 흩뜨려 놓았다. "여기 아이가 있어요, 부인!" 욘이 그녀에게 소리쳤다. "꼭 아이를 붙드세요!" 그리고 작은 아이를 어머니의 팔에 놓았다.

"아이라고? 내가 너를 잊었구나, 빈케!" 그녀가 소리쳤다. "하나님 저를 용서 하십시오" 그녀는 사랑만이 어떻게 하는지를 알 정도로 아이를 가슴에 세게 껴안고 무릎을 꿇었다. "하나님 그리고 나의 주이신 예수시여 저희가 과부와 고아가 되도록 하지 마시옵소서! 그를 보호해 주세요. 하나님, 오직 당신과 저만이 그가 어떤 사람인가를 압니다!" 폭풍우는 더 이상 멈칫거리지 않았다. 마치 온 세상이 엄청난 울림과 소란 속에서 멸망이라도 하려는 듯이 울리고 천둥이 쳤다.

"집으로 들어가세요, 부인!" 욘이 말했다. "이리로 오세요." 그리고 그는 두 사람을 도와서 거실로 이끌었다.

제방감독관 하우케 하이엔은 백마를 타고 제방으로 달려갔다. 좁은 길은 발이 푹푹 빠졌다. 왜냐하면 이삼 일 동안 엄청난 폭우가 쏟아졌기 때문이었다. 그럼에도 젖고 습기를 빨아들이는 점토에 동물의 발굽이 다행히 달라붙지는 않았다. 땅은 단단해서 하절기의 지반 같았다. 야생 동물 사냥 때처럼 구름이 하늘에서 세차게 움직였다. 황무지인 늪지가 끊임없이 그림자로 채워져 보이지 않은 채 아래에 놓여 있었다. 제방 뒤의 물에서 점점 더 어마어마하고 사납게 울리는 소리가 밀려왔다. 마치 그 소리는 다른 모든 것을 삼켜버릴 것 같았다. "앞으로 전진, 백마!" 하우케가 소리쳤다. "우리는 지금 가장 어렵고 끔찍한 행군을 하고 있는 거야!"

그때 말의 발굽아래 마치 죽어가는 것 같은 소리가 울렸다. 고삐를 홱 당겼고 주위를 둘러보았다. 흰 갈매기 한 무리가 옆의 땅 가까이 반은 날라 가고, 반은 폭풍에 휩쓸려서 계속해서 비웃는 듯 꽥 꽥 울어대면서 날아갔다. 오지에서 피난처를 찾고 있었다. 달은 구름에 쫓겨 도망가고 있었다. 한 마리가 길 위에 짓 밟혀 누워 있었다. 말을 탄 사람에게는 새의 목에 붉은 리본이 펄럭이는 것 같았다. "크라우스" 그는 소리 쳤다. "불쌍한 크라우스!"

이 새는 자신의 아이의 새일까? 그 새는 말과 말 탄 사람을 알아보고 그들에게서 도움을 받으려 한 걸까? 말을 탄 사람은 그것을 알지 못했다. "앞으로 전진" 다시 소리쳤다. 백마는 다시 달리려고 발굽을 들었다. 갑자기 폭풍우가 멎더니 죽은 듯한 정적이 그 대신 들어왔다. 단지 일초 동안, 그 다음에 폭풍우는 다시 새로워진 분노를 지니고 되돌아 왔다. 인간의 목소리와 개 짖는 소리가 말을 탄 사람의 귀를 때렸다. 그리고 그가 뒤로 동네 방향으로 머리를 돌리자 언덕 위에서도 집 앞에서도 여기저기 사람들이 높게 짐을 싼 마차 옆에서 분주하게 움직이고 있는 것을 달빛에서도 알아 볼 수 있었다. 따뜻한 마구간에서 위로 내몰린 동물들의 울부짖음도 들었다. "그들은 자신과 가축을 구하는 일에 정신이 빠져있어!" 그는 속으로 외쳤고 이내 비명이 터져 나왔다. "내 아내! 우리 아이! 아니야, 아니야. 우리 언덕까지 물이 올라가지 않을 거야!

그러나 단지 한순간이었다. 하나의 환상처럼 모든 것이 그를 스쳐 흘러갔다.

공포를 일으키는 돌풍이 바다로부터 포효하면서 올라 왔고 말과 말을 탄 사람은 돌풍을 향하여 제방으로 가는 좁은 오솔길 아래에서 위로 곧장 달렸다. 그들이 제방 위에 도착하자 하우케는 말을 힘을 다하여 세웠다. 그러나 어디에 바다가 있었나? 어디가 예베르스잔트인가? 저쪽 어디가 바닷가였지? 그는 다만 산더미 같은 물만 그의 앞에서 볼 수 있었다. 밤하늘을 뒤로하고 물은 위협적으로 올라가더니 탑처럼 층층이 솟구쳐 올랐다가 단단한 육지를 겹겹이 후려쳤다. 또한 하얀 발톱을 내밀고 밀려올 때는 마치 그들 속에 황야의 모든 야수들의 고함이 숨어 있다 솟아나는 것처럼 울부짖었다. 백마는 앞발굽으로 소리를 냈으며 소란 속으로 콧김을 뿜었다. 그러나 그것은 말을 탄 사람을 습격하고자 했다. 마치 모든 인간의 힘이 여기에서 끝나기라도 하듯이. 이제 밤이, 죽음이, 공허가 덮쳐야만 하듯이.

그럼에도 그는 정신을 가다듬었다. 이것은 폭풍으로 인한 해일이다. 단지 이런 해일을 자신이 한 번도 본 적이 없었고 그의 아내와 아이는 안전하게 높은 언덕에, 견고한 집에, 앉아있었다. 그러나 그의 가슴이 자랑으로 부풀었던 제방 사람들이 하우케 하이엔의 제방이라고 부르는 제방은 제방이란 어떻게 세워야 하는지를 증명해주고 있다!"

그러나 저것은 무엇인가? 그는 두 제방 사이의 모퉁이에서 멈추었다. 그가 여기에 보초로 세워 두었던 사람들은 어디에 있는가? 북쪽으로 옛 제방을 올려다보았다. 그곳에도 역시 두서너 명에게 명령했었다. 여기도 저기에도 단 한 사람도 볼 수가 없었다. 얼마쯤 더 타고 갔지만 그는 혼자였다. 다만 아득히 먼 곳까지 폭풍이 몰아치고 파도가 쏴하고 밀려오는 소리만 멍멍하게 귓가를 때렸다. 말을 뒤로 돌렸다. 그는 다시 아무도 없는 구석까지 왔으며 새 제방을 눈으로 훑어보았다. 분명히 인식할 수 있었다. 여기서는 더 천천히, 파도가 덜 사납게 굽이친다는 사실을. 이곳은 거의 다른 바다 같아 보였다. "새 제방은 지탱해 줄 거야!" 그는 중얼거렸다. 그리고 웃음 같은 것이 마음 속에서 올라 왔다.

그러나 웃음은 눈길이 새 제방을 따라 멀리 머물자 사라졌다. 북서 모퉁이에 저기 있는 것은 무엇일까? 어두운 덩어리가 뒤섞여 북적대고 있었다. 그것은 부지런하게 움직였고 몰려들고 있었다. 의심할

여지없이 사람들이였다! 이 사람들은 지금 그의 제방에서 무엇을 원해서 무슨 일을 하고 있나? 그리고 백마의 옆구리에 박차를 놓았다. 말은 그와 함께 그곳으로 갔다. 폭풍우는 제방의 긴 쪽에서 왔고 그러는 사이에 돌풍이 너무 거세어져서 그들은 거의 제방에서 새로운 간척지로 힘껏 내 던져질 뻔했다. 그러나 말과 말을 탄 사람은 어디로 가고 있는지를 잘 알고 있었다. 대략 이삼십 명의 사람들이 함께 모여 바쁘게 일하고 있는 것을 볼 수 있었다. 새 제방을 가로질러 똑바로 파여진 배수구를 그는 분명히 보았다. 말을 거칠게 세웠다. "멈춰요! 당신들은 여기서 무슨 악마 같은 짓을 하고 있소?"

갑자기 제방감독관을 그들 속에서 알아보았을 때 사람들은 놀라서 삽을 놓았다. 폭풍우는 말을 바로 앞에 날라다 주었고 그는 많은 사람들이 그에게 대답하려고 애쓰는 것도 잘 보았다. 그는 단지 그들의 격렬한 태도만 알아 볼 수 있었다. 왜냐하면 그들 모두 그의 왼쪽에 서 있었고 그들이 말하는 것은 폭풍우가 잡아 채 갔다. 폭풍우는 이제 여기 밖에서는 사람들을 현기증이 날만큼 서로 부딪치게 해서 그들은 서로 바짝 모여 있었다. 하우케는 재빠른 눈길로 파낸 배수구와 새로운 단면에도 불구하고 거의 제방 높이 위로 찰싹하고 소리치면서 말과 말을 탄 사람 위로 튀겼던 물의 수위를 보았다. 십 분만 더 일을 했다면—그는 그것을 잘 알 수 있었는데—배수구를 통하여 만조가 덮쳐서 하우케 하이엔의 간척지는 바다에 파 묻혔을 것이다!

제방감독관은 일꾼들 중 한 사람을 말의 다른 쪽으로 오게 눈짓을 했다. "자, 말하시오!" 그가 소리쳤다. "무슨 일을 당신들은 여기서

하고 있어? 그 일의 의미는 무엇인가?"

그 사람은 되받아 소리쳤다. "우리들은 옛 제방이 부서지지 않도록 새 제방을 파서 뚫으려 하고 있는 거예요. 나리!

"무엇이라고?"

"새 제방을 뚫고 있어요!"

"그리고 간척지를 파묻는다고?" 어떤 악마가 너희들에게 그 일을 명령했어?"

"아니에요, 주인님, 악마가 아니에요. 제방 에이전트인 오레 페테르스가 여기 있었어요. 그가 그렇게 명령했어요!"

말을 탄 사람의 눈은 분노로 번득였다. "너희는 나를 몰라?" 그가 소리쳤다. "내가 있으면 오레 페테르스는 처리할 자격이 없어! 비켜라! 내가 너희들에게 서 있으라고 명령한 자리로 가라!"

그들이 그곳에서 망설이고 있을 때 그는 자신의 백마와 함께 그들 사이로 빨리 달렸다. "너희가 속한 곳으로 돌아가든지 악마에게나 가라!"

"주인님 조심하세요!" 사람들 중 한 사람이 소리쳤다. 그리고 그의 삽으로 미친 듯이 행동하는 동물을 향하여 찔렀다. 그러나 말발굽 차기로 그의 손에서 삽이 내동댕이쳐졌으며 다른 사람이 땅에 넘어졌다. 갑자기 나머지 사람들 무리에서 소리가 들렸다. 그 소리는 죽음의 공포로부터 인간의 목에서 찢겨져 나올 수 있는 그러한 것이었다. 잠깐 동안 그들 모두가, 제방감독관과 말도 아울러 마치 마비된 듯이 섰다. 그러나 일꾼 중 한 사람이 두 제방의 북동 모퉁이, 옛 제방과 새 제방이 만나는 곳을 가리키면서 도로 표지판처럼 팔을 뻗었다. 다만 폭풍우가 사납게 울부짖는 소리 그리고 물의 콸콸 흐르는 소리만 들을 수 있었다. 하우케는 안장에서 몸을 돌렸다. 저것은 뭐야? 그의 눈이 커졌다. "하나님! 무너졌어요! 옛 제방에서 한군데가 무너졌어요!"

"당신의 잘못이요, 제방감독관! 무리들 중에서 한 목소리가 소리쳤다. "당신의 잘못이요! 신의 권좌 앞까지 가지고 가시오!"

하우케의 분노로 붉어진 얼굴은 죽은 사람처럼 창백해졌다. 달빛도 얼굴을 더 이상 창백하게 비출 수 없었다. 그의 팔은 아래로 축 늘어졌으며 자신이 고삐를 쥐고 있는 지도 거의 알지 못했다. 그러나 그것은 단지 한순간이었고 이내 똑바로 앉았다. 깊은 신음이 입에서 터져 나왔다. 그 다음에 말없이 말의 방향을 바꾸었다. 백마는 씩씩거리면서 제방 동쪽으로 그와 함께 질주했다. 말을 탄 사람의 눈은 사방으로 휙 날카롭게 살펴보았다. 그는 신의 권좌 앞에 어떤 종류의 잘못을 가지고 가는 것일까? 새 제방을 뚫은 일은 아마도 그가 정지라고 소리치지 않았으면 그 일은 끝났을 것이다. 그러나 뭔가가 더 있었다. 그것이 뜨겁게 그의 마음을 찔렀다. 그는 너무 잘 알았다. 지난여름, 만일 오레 페테르스의 악의에 찬 입이 그를 제지하지 않았더라면, 바로 그것이다! 옛 제방이 얼마나 약한지를 그 혼자만이 인식하고 있었던 것이다. 그는 그럼에도 불구하고 제방 수선을 집행했어야만 했다. "주여, 제가 고백합니다," 그는 갑자기 폭풍우 속으로 나가서 소리쳤다. "저는 제 임무를 잘 이행하지 못했습니다."

그의 왼편 말의 편자 바싹 아래에 바다가 사나웠다. 앞은 이제 아주 캄캄한 가운데에 옛 간척지가 언덕과 친숙한 집들과 함께 놓여 있었다. 창백한 하늘빛은 완전히 사라졌고 다만 한 지점에서만 어두움 속에서 빛이 나오고 있었다. 그것은 남자의 마음에 위로가 되었다. 틀림없이 자신의 집에서 이쪽으로 비치고 있었다. 그에게 아내와 아이의 인사같이 여겨졌다. 다행스럽게도 그들은 높은 언덕 위에서 안전하게 있을 것이다. 그곳에서는 많은 빛이 가물거리고 있었다. 다른 사람들은 확실히 높고 건조한 고지 마을로 벌써 갔을 것이다. 그곳에서부터 그가 결코 본적이 없을 만큼 많은 빛이 깜박이고 있었다. 의심할 여지없이 교회 탑에서부터 빛은 어둠 속으로 쏟아지고 있었다. "그들은 모두 벌써 도망쳤어, 모든 사람이!" 하우케가 혼자서 말했다. "여러 언덕에 있는 집들은 틀림없이 폐허가 될 것이고 수해를 입은 들판은 다음 해에 수확은 나빠질 거야. 수문과 배수구멍은 틀림없이 수리를 해야겠지. 그것은 받아 들여야만 해. 그리고 나는 돕겠어. 나를 해친 사람들까지도 도울 거야. 주여, 신이시여, 우리 인간에게 자비를 베푸소서!"

그는 옆의 새 제방 쪽으로 눈을 돌렸다. 제방을 둘러싸고 바다에 물보라가 치고 있었다. 그러나 바닷속에는 밤의 평화가 있었다. 말을 탄 사람의 가슴에서부터 무의식적인 환호가 터져 나왔다. "하우케 하이엔의 제방은 잘 버티고 있어. 이 제방은 백 년 후에도 버티고 있을 것이야.

발아래 우레와 같은 쏴쏴 소리가 그를 꿈에서 깨웠다. 백마는 더이상 앞으로 나가려고 하지 않았다. 저것은 무엇인가? 말은 뒤로 펄

쩍 뛰었다. 그리고 그는 제방의 한 부분이 그의 앞에서 깊숙이 부서져 내리는 것을 보았다. 눈을 크게 떴다. 마음으로부터 모든 생각을 떨쳐 버렸다. 옛 제방 위에서 멈추었다. 말은 이미 앞 편자로 그 위에 섰다. 생각하지 않고 그는 말을 홱 잡아 당겼다. 마지막 구름은 달에서부터 나는 듯이 흘러가고 있었고 약한 별이 무시무시한 괴물을 비추었다. 그 괴물은 그의 앞에서 거품을 내고 쉿 소리를 내면서 깊은 곳으로 옛 간척지 아래로 뛰어 들고 있었다.

하우케는 정신이 나간 사람처럼 그것을 뚫어져라 쳐다보았다. 동물과 사람을 삼켜버리는 대홍수였다. 그때 빛이 다시 그의 눈앞으로 휙 스치듯 지나갔다. 그것은 조금 전에 주의했던 것과 바로 동일한 그 빛은 여전히 그의 집에서 나오고 있었다. 이제 그가 용기를 내어 간척지 아래를 내려다보자 앞에 미친 듯이 감각을 마비시키는 소용돌이를 뒤 따라 약 100걸음 넓이의 좁고 긴 땅이 범람하고 있었다. 그 땅 뒤 뚜렷이 간척지로부터 올라가는 길은 알아볼 수 있었다. 그것이 전부는 아니었다. 마차 한 대, 아니 두 바퀴 달린 이륜마차가 미친 듯이 제방을 향해 달려가고 있었다. 여자 한 사람과 아이 하나가 그 안에 앉아 있었다. 그리고 이제 저 소리는 폭풍우 속에서 날아가듯이 스쳐 지나간 작은 개의 날카롭게 계속 짖어 대는 소리 아닐까? 전지전능한 신이시여! 조금 전 본 것은 그의 아내와 딸이었다. 이미 그들은 제방에 가까워졌으며 소용돌이치는 엄청난 양의 물이 그들을 향하여 밀어 닥치고 있었습니다. 절망의 부르짖음이 말 탄 사람의 가슴에서 터져 나왔다. "엘케!" 그는 고함쳤다. "엘케! 돌아 가! 돌아 가!"

폭우도 바다도 자비를 베풀지 않았다. 그의 외침은 사납게 몰아치는 비바람과 파도에 흩날렸다. 다만 그의 망토를 폭풍우가 붙들고 있었으며, 폭풍우는 곧 그를 말에서 내동댕이칠 것이다. 이륜마차는 멈출 줄 모르고 사납게 날뛰는 홍수를 향하여 급히 돌진하고 있었다. 아내가 그를 향하여 위로 손을 뻗는 것을 보았다. 그녀가 그를 알아보았을까? 남편에 대한 그리움과 그의 죽음에 대한 불안이 그녀를 안전한 집의 밖으로 나오게 한 것일까? 그리고 지금 그녀는 그에게 마지막 말을 외치고 있는 것인가? 이 질문들이 문득 그의 뇌리를 스쳤다. 질문에 대한 답은 없었다. 그녀로부터 그에게로 오는 어떤 말도, 그로부터 그녀에게로 가는 말도 모두 들리지 않았다. 다만 세상의 종말이 오는 것처럼 쏴하는 파도 소리만이 그들의 귀를 가득 막고 다른 소리가 들어오지 못하게 했다.

"내 아이! 오 엘케, 오 진실한 엘케!" 하우케가 폭우 속으로 소리쳤다. 다시 제방의 큰 덩어리가 그의 앞에서 깊숙이 가라앉았고 바다는 천둥소리를 치면서 뒤따라 덤벼들었다. 마지막에 한 번 더 그는 저 아래에서 말의 대가리를 보았으며 사나운 파도에서 마차바퀴가 불쑥 올라 왔다가 소용돌이치면서 그 속으로 들어가는 것을 보았다. 그렇게 고독하게 제방 위에 멈춰 서서 그곳을 응시하고 있던 말을 탄 사람의 눈에는 더 이상 아무것도 보이지 않았다. "다 끝났어!" 조용하게 그는 혼자 말을 했다. 아래쪽에서 기분 나쁘게 쏴쏴 소리를 내면서 그의 고향 마을이 범람하기 시작했다. 그는 여전히 그의 집에서 나오는 빛이 가물가물 빛나는 것을 보았다. 그러나 그 집은 그에게 영혼이 없는 것으로 여겨졌다. 그는 안장에 똑바로 앉아서 백마의 옆구리에 박차를 가했다. 말은 거의 뒤로 넘어질 듯 뒷발로 섰다. 그러나 사람의 힘이 그것을 내려 눌렀다. "앞으로 가!" 말이 최대 속도를 내게 하려고 했던 대로 다시 한 번 더 소리쳤다. "주님이시여, 저를 데려 가시옵소서. 다른 사람들의 목숨은 살려 주소서."

한 번 더 박차를 가했다. 백마의 소리는 폭풍우와 파도의 쏴하고 밀려오는 소리보다 더 컸다. 그리고 내리 쏟아 지는 큰 물아래에 둔탁한 소리, 짧은 허우적거림만 들렸다.

달은 고지에서 아래로 비추고 있었다. 그러나 아래 제방 위에 살아 있는 것은 아무것도 없었다. 옛 간척지에도 거의 완전히 덮쳐버린 험한 파도만이 넘실대었다. 그러나 하우케 하이엔의 집이 있는 언덕은 홍수 속에 위로 솟아 있었다. 그곳에서는 여전히 빛이 안에서 깜박거리고 있었다. 높고 건조한 고지에서는 집들이 점점 어두워지기 시작했으며 여전히 교회의 종탑에서 거품이 일고 있는 파도 위로 흔들리는 빛을 던지고 있었다.

*

이야기를 해주던 사람은 침묵했다. 내 앞에 오랫동안 놓여 있던 술이 가득한 컵을 잡았지만 입으로 가져가지 않았다. 손은 식탁 위에 그대로 있었다.

"이것이 하우케 하이엔의 이야기입니다." 주인이 다시 시작했다. "저는 제가 알고 있는 대로만 얘기해 들려 드렸습니다만 물론 제방

171

감독관의 여 관리인은 다르게 이야기 할 수도 있지요. 왜냐하면 알려져 있는 것이 이 정도만이니까요. 말의 흰 뼈는 홍수의 범람 후에 다시 이전처럼 달빛이 비칠 적에 예베르스할리히에서 볼 수가 있었고 마을 사람들 모두가 그것을 보았다고 주장하고 있지요. 확실한 것은 하우케 하이엔과 그의 아내와 아이, 모두가 홍수 때 익사했다는 사실입니다. 교회 묘지에서 그들이 묻힌 자리를 찾으려 했으나 찾을 수 없었어요. 그들의 시체는 파도에 휩쓸려 바다로 멀리 떠내려갔지요. 그곳 해저에서 조금씩 본래의 성분으로 용해되었겠지요. 그렇게 해서 그들은 평온을 얻었고 하우케 하이엔의 제방은 백 년이 지난 지금도 여전히 서 있습니다. 그리고 내일 시내로 말을 타고 가시면서 반시간 정도 우회해 가셔도 된다면 말의 편자 아래 하우케 하이엔의 제방을 두게 될 것입니다.

언젠가 예베 만네르스가 제방의 건설자에게 약속했던 자손들의 감사 표시는 당신이 보시다시피 이루어지지 않았어요. 세상일이란 그렇지요. 신사 양반. 소크라테스에게는 독배가 주어졌고 우리들 주이신 예수님은 십자가에 못 박히셨지요! 오늘 날은 그 정도로 극단적일 수는 없지요. 그러나 난폭하거나 또는 성질이 고약하고 고집 센 성직자를 성인이라고 선포하는 것이나, 우리들보다 머리 하나 더 크다고 유능한 녀석을 유령이나 도깨비로 만드는 것은 어느 시대에서든지 가능한 일이지요."

자그마하고 진지한 남자는 말을 마치자 일어서서 바깥에 귀를 기울였다. "저 곳에서는 약간 달라요." 그가 말했고 창문에서 모직 커튼을 제쳐 놓았다. 밝은 달빛이었다. "보세요." 그가 계속했다. "저기 제방 에이전트들이 되돌아오네요. 그러나 저들은 사방으로 흩어져서 집으로 가는군요. 저 건너 바닷가에는 제방이 터졌음에 틀림없어요. 물이 쏟아지고 있어요."

나는 그의 옆에 서서 밖을 내다보았다. 위층의 창문은 제방의 평균 높이보다 위에 위치했다. 모든 것은 그가 말한 대로였다. 컵을 들고 나머지를 마셨다. "오늘 저녁 고마웠습니다! 편안하게 잘 수 있으리라 생각합니다!" 내가 말했다.

"그렇게 할 수 있을 것입니다. 진심으로 편안히 주무시기를 바랍니다!" 자그마한 남자가 대답했다.

아래층으로 내려가면서 나는 입구에서 제방감독관을 만났다. 그는 바에 놓고 간 지도를 집으로 가지고 가려 했다. "얘기가 다 끝났군요!" 그가 말했다. "그러나 교장 선생은 아마 긴 이야기를 해서 당신으로 하여금 믿게 만들었을 것입니다. 그는 계몽주의자에 속하지요!"

"그는 분별 있는 사람 같았습니다!"

"네, 확실히 그래요. 그러나 당신은 자신의 두 눈을 믿지 않을 수는 없습니다. 저 건너편 바닷가에는 내가 예상했듯이, 제방이 터졌어요!"

나는 어깨를 움찔했다. "어떻게 할지는 자고 나서 생각해야겠어요! 안녕히 주무세요, 제방감독관님!"

그는 웃었다. "안녕히 주무세요!"

다음날 아침 넓은 피해 지역 위로 황금빛 태양이 빛날 때 하우케 하이엔의 제방을 따라 말을 타고 나는 시내로 갔다. .

작품 소개

《백마를 탄 사람 Der Schimmelreiter》은 19세기 독일 사실주의의 대표 작가 중 한 사람인 테오도어 슈토름(Theodor Storm 1817-1888)이 출간 한 마지막 작품이다. 독일 북부 슐레스비히의 작은 항구 도시 후줌 에서 태어나 변호사였던 아버지의 영향을 받아 킬 대학과 베를린 대학에서 법률을 공부했다. 대학 시절에 하이네, 아이헨도르프 등 독일 낭만주의 문학의 거장들과 교류했고, 특히 몸젠 형제(Theodeor Mommsen, Tycho Mommsen)와 함께 동화와 전설에 대해 연구를 하며 《슐레스비히, 홀슈타인과 라우엔부르크의 전설, 동화와 노래 모음집 Sagen, Märchen und Lieder der Herzogthümer schleswig, Holstein und Lauen-burg》을 창간했다. 1843년에 슈토름과 몸젠 형제는 40편의 서정시를 담은 《세 친구의 노래집 Liederbuch dreier Freunde》을 출판하기도 했다. 같은 해 고향으로 돌아가 변호사 개업을 하고 1846 사촌인 콘스탄 체 에스마르흐와 결혼했다. 그 당시 덴마크가 지배하고 있던 슐레스 비히-홀슈타인의 해방을 위한 항쟁에 가담하면서 변호사 자격을 잃 고, 포츠담과 하일리겐슈타트 등을 10여 년간 떠돌며 지냈다.

1864년 덴마크와 전쟁하여 독일군이 승리하자, 슈토름은 후줌의 지사로 당선되어 다시 고향으로 돌아갔다. 1년 후 그의 아내 콘스탄체가 아이를 낳다가 사망했고, 그녀의 유언에 따라 젊은 시절 사랑했던 도리스 옌젠(Doris Jensen)과 재혼했다. 작품 활동에도 위기가 왔으나 곧 극복하고 상급법원과 지방법원의 판사로 지냈으며 작가로서 활발히 활동했다. 1880년 은퇴한 후에 하더마르센에 은거하여 창작에 전념했으며《한스 키르히와 하인츠 키르히》등 많은 작품을 발표했다.《백마를 탄 사람》을 출간하고《빈민의 장례식 종소리 Die Armesuenderglocke》를 완성하지 못한 채 1888년 7월에 숨을 거두었다.

《백마를 탄 사람》은 사실주의적인 묘사와 기법을 사용하고 있는 노벨레이다. 들어본 적이 없는 이야기이지만 일어날 법한 사건을 객관적으로 묘사하고, 비교적 짧은 산문을 가리키는 노벨레의 특징을 살려 슈토름은 그 시대에 존재했던 연대기, 전설, 역사적인 인물들을 작품에 반영하고 있다. 실재 인물을 언급하여, 현실에서 일어날 수 있으리라고는 믿기 어려운 사건들에 대해 신빙성을 높이고 있다. 서술기법에서도 소설과는 달리, 일련의 갈등에 주목하여 이야기를 전개하고, 갈등을 전환점으로 하여, 결론을 이끌어내는 드라마적 특징을 사용하고 있다. 슈토름은 노벨레를 '드라마의 자매'라고 불렀다. 갈등구조와 아울러 슈토름의 노벨레에서는 화자가 중요한 역할을 한다. 이따금 추억에 잠긴 작가 자신이기도 한 화자는 시간의 흐름에 따라, 그러나 특정한 분위기나 장소에 따라 구별되는 과거의 장면들을 상기시킨다. 따라서 독자는 보이지 않는 상관관계들을 화자의 말을 통해 읽어내야 한다.

슈토름의 초기 소설은 그의 서정시와 같이 아름다운 분위기와 감미로운 분위기를 띠고 있다. 다른 시적 사실주의 작가들과 마찬가지로 낭만주의에서 출발한 그의 문학은 그의 고향 후줌에 뿌리를 박은 향토적인 특색을 지니고 있다. 이 작품에서 북부 독일의 자연, 특히 높은 회색 파도가 치는 북해의 풍경, 황량하고 축축한 황무지, 갈매기의 울부짖음 등이 쓸쓸한 분위기를 띠며 묘사되고 있다. 신념이 강한 북부 독일 사람의 성격을 부각시키고 신비스럽고 괴이한 분위기 속에서 후기 작품으로 갈수록 슈토름은 주인공들 간의 비극적인 갈등을 위주로 사건들을 전개시킨다. 자연 자체가 더욱더 역동적이며 불길한 역할을 하고 있다는 평가를 받고 있는데 이 작품에서도 그대로 적용된다. 슈토름의 고향인 북부 독일의 자연과 젊었을 때 낭만주의를 대표하는 작가들과의 교류는 그를 이해하는 두 개의 주요 개념이라고 생각된다. 이 작품에서도 많은 낭만주의의 특색을 볼 수 있다. 주인공의 고독, 갈퀴 같은 손을 가진 집시로부터 산 백마, 사람과 친숙해진 갈매기 '크라우스', 인어 이야기를 들려주는 할머니, 제방 감독관과 그의 가족이 해일에 휩쓸려 죽은 후에 천둥과 폭우가 치는 밤에 나타나곤 하는 백마를 탄 검은 형체 등이다.

작품의 구조도 상당히 독특하다. '나'로 지칭하는 화자의 이야기 속에, 또 하나의 이야기가 펼쳐지며, 그 이야기 속에서 또 다른 이야기가 진행되는, 세 겹의 액자 구조를 하고 있다. 처음 이야기는 1888

년을 배경으로 하며, 결말에서도 끝을 맺고 있지 않아 두 번째 이야기와 시간적 거리를 더 뚜렷하게 한다. 1830년을 배경으로 하는 두 번째 이야기는 첫 번째 이야기에서의 화자가 보았다는 잡지의 화자인 여행자가 이야기를 이끌어간다. 이 여행자는 폭우가 심한 어느 날 북 프리즐란트를 여행하다 어두운 제방 위에서 백마를 타고 검은 망토를 한 형상과 마주치게 된다. 폭우를 피하려 들어간 여관에서 이야기를 나누다가 그 사람 이야기를 자세히 해줄 교장선생을 소개받는다. 이 교장선생이 세 번째 이야기의 화자이며, 1750년을 배경으로 하여 하우케 하이엔이라는 백마를 탄 사람의 이야기를 들려준다. 그러나 이 이야기가 끝까지 죽 진행되지 않고 다섯 번이나 중단되는데, 이는 계몽주의자인 교장선생을 통해 독자로 하여금 사건을 이성적인 시각으로 바라볼 수 있도록 하여 속 이야기가 그저 영웅담이나 허구적인 미신에 그치지 않도록 하고 또한 긴장감을 고조시키기도 한다.

18세기 독일은 산업화가 이루어지면서 정치, 경제 등 각 분야에서 개혁이 일어났고, 지식인들이 과학이나 새로운 기술에 관심을 집중하는 반면, 대부분의 사람은 새로운 지식에 흥미가 없어서 두 계층 간에는 상당한 거리가 있었다. 이런 독일의 시대적 배경은《백마를 탄 사람》에도 고스란히 나타나고 있다. 즉, 하우케 하이엔은 지식인을 대표하며 마을 사람들은 다수인 대부분의 사람을 의미한다. 하우케의 아버지는 측량 기술을 가진 지식인이기는 하나 여전히 농사를 짓는 중간 위치에 있는 사람이었다. 아들은 자신과 다른 삶을 살게 하려고 지식과 거리를 두게 하려했으나 하우케는 아버지의 뜻과는 반대로 점점 더 지식에 몰두하게 된다. 결국, 제방 감독관의 집에서 일하면서 그의 딸 엘케와 약혼을 하게 되고, 제방 감독관이 죽은 후 엘케가 유산으로 물려받은 땅을 하우케의 재산으로 양도하여 새로운 제방 감독관에 임명되기에 이른다. 한 평범한 시민에 불과했던 하우케는 결국 자신의 지식을 기반 삼아 신분을 상승하게 된 것이다. 이러한 신분의 상승은 주변 사람들의 시기를 받게 되고, 하우케는 능력이 아닌 부인의 도움으로 제방 감독관이 되었다는 수군거림을 듣게 된다. 이를 들은 하우케는 자신의 실력에 대한 자신감을 바탕으로 마을 사람들에게 자신의 능력을 증명해 보이고자 새로운 제방 건설을 시도한다. 원래 하우케는 제방 구조에 관하여 어릴 적부터 관심이 많았다. 구 제방은 파도가 부딪힐 때 경사가 너무 가팔라서 더욱 세게 부딪히게 된다고 생각하였고 경사가 완만한 새 제방이 필수적이라고 생각했다. 어려운 과정을 거쳤을 뿐만 아니라, 엘케의 대부와 총제방감독관의 협조도 도움이 되고 하여, 새 제방의 허가가 나오고 마을 사람들도 힘을 합쳐 새 제방이 완성되었다. 하우케는 새 제방이 완성되어 큰 간척지도 소유하게 되나, 구 제방의 둑에서 취약한 점을 발견하게 된다. 그러나 제방 에이전트들의 강한 반대에 부딪혀 근본적인 보수를 할 수 없었다. 둑을 살펴보러 나갈 적에 하우케는 집시에게 산 백마를 타고 다녔기 때문에 사람들은 그를 백마를 탄 사람이라 불렀다. 평온한 세월이 지난 후 그 지방에 지금까지 경험한 적이 없는 큰 폭풍우가 몰아쳤고 무서운 해일이 제방을 덮쳤다. 그가 우려했던 대로 구 제방에 구멍이 나고 제방은 무너지기 시작했다. 그때 그를 걱정하면서 기다리고 있던 아내 엘케가 딸과 함께 마차를 타고 그를 만나려 제방으로 오고 있었다. 하우케가 아무리 소리를 질러도 그들은 듣지 못하고 마차는 성난 파도 속으로 휩쓸려 들어가고 말았다. 하우케도 백마를 타고 그들을 뒤따라 파도 속으로 뛰어 들었다. 파도만 넘실대었고 사람은 찾을 수가 없었다. 그러나 하우케가 감독하여 축조한 새 제방은 사람들이 일부를 구 제방을 보호하려고 뚫었지만 무너지지 않고 서 있었다. 그 후 폭풍이 몰아치는 밤이면 백마를 탄 형상이 새 제방 위를 지나간다고 그 지방 사람들이 전하고 있다.

《백마를 탄 사람》은 한 인간이 겪는 자기 자신과의 갈등 그리고 자연, 사회와의 갈등을 그려냄으로써 당시의 혼란된 사회의 모습을 문학적으로 표현했다. 진보적인 사고를 갖고 보수적인 사회에 도전하며 새로운 시대를 꿈꾸는 개인과 수동적이고 변화를 두려워하는 집단의 대립이 극적으로 묘사 되고 있다. 오래전에 집시 아이를 파묻었다는 말이 내려오고 있는데 이번 새 제방에는 생명체를 파묻어야 제방이 탈 없이 건설될 수 있다고 여기는 사람들이 살아 있는 생명체인 개를 묻겠다고 작정하자 그 개를 살려내는 하우케, 유일한 친구이자 신뢰의 대상인 부인 엘케가 병에 걸려 생사의 갈림길에 섰을 적에, "하느님 당신도 항상 원하시는 대로 할 수 없다는 사실을 압니다……"라는 하우케의 절실한 기도를 들은 간호사와 하녀가 하우케는 무신론자라며 퍼트리는 말, 그의 농장 일꾼이 하우케의 백마는 악마라며 다른 주변 사람들에게 퍼트리는 말. 이것들은 하우케에 대한 미신적인 두려움과 적대감을 불러일으키면서 갈등이 점점 보이지 않게 커지고 결국은 파국으로 치닫게 된다. 본문에서 두 번씩 언급되는 주인공 하우케는 "머리 하나만큼 그들보다 키가 커서" 마을 사람들에게 이해받지 못하고 이루어 낸 업적도 제대로 평가받지 못했던 것이다.

마을에서 가장 계몽적이고 이성적이었던 인물인 하우케가 자신이 거부했던 미신의 주인공 유령이 되는 모순을 드러내며 이 이야기가 끝이 난다.

백마를 탄 사람

초판 1쇄 인쇄 2011년 3월 23일

초판 1쇄 발행 2011년 3월 29일

지은이 테오도어 슈토름

옮긴이 조영수

편집인 신현부

발행인 모지희

발행처 부북스

주소 100-835 서울시 중구 신당2동 432-1628

전화 02-2235-6041

팩스 02-2253-6042

이메일 boobooks@naver.com

ISBN 978-89-93785-33-3 04080

ISBN 978-89-93785-07-4 (세트)